ケガレ

波平恵美子

講談社学術文庫

学術文庫版まえがき

四半世紀の時を経て、自著が装いを新たにして、講談社学術文庫に収められるのは望外の喜びである。それは、かつての自分の仕事が再び世間に出るだけではなく、この四半世紀の間に生じた日本人の認識や行動の変化が、かえって自説の妥当性を証明してくれることになったからである。変化があってこそ、骨組みが明確になったといえる。

ケガレは三十年以上も前までは「穢れ」と表記されることが多かった。それを、一九七三年に日本民族学会（現・日本文化人類学会）の研究大会で「ケガレ」と表記することと、それによって穢れ観念の内容ではなく、分析概念として用いることを主張し、それから約十五年にわたって独自の「ケガレ論」を機会を与えられるごとに主張してきた。私の主張はある人々には批判され、ある人々には部分的に承認された。一九七四年、七六年、七八年に日本民族学会の学会誌『民族学研究』（現『文化人類学』）に三本の論文を発表し、それを中心に既発表論文を集め、一九八四年に『ケガレの構造』(青土社)として刊行した。本書『ケガレ』は『ケガレの構造』の姉妹篇である。『ケガレの構造』では、ケガレを分析概念として用いることが、当時錯綜していた「ケガレ(穢れ)とは何であるのか、その起源は、その本質は?」という疑問に一つの答えを与えるうえで有効であることを示そうとした。三つの村落での、そこに住む人々の信仰構造、通過儀礼、水死体をエビス神として祀る信仰を材料に、ケガレを分析概念として、いわばツールとして用いてみたのが先に述べた三本の学会誌論文である。本書『ケガレ』は、ケガレを分析概念として用いることの有効性を確認するうえで用いた日本民俗の資料を提示することによって、その有効性を主張した。「『ケガレ(穢れ)の構造』では「ケガレ」を分析概念として用いながら、『ケガレ』ではケガレ(穢れ)の内容を論じているではないか」という批判が寄せられたことがあった。しかし、私の意図は決してそうではなく、整理しているとはいえ、数多くの、見方によっては雑多な事例を挙げて「ケガレ」が分別、分類、弁別の指標として、日本文化の中で(決して日本文化だけではない)長期にわたって生活の隅々にまで浸透していたことを示そうとしたのである。ケガレはそれほどまでに有効だったのである。

文化人類学では、人間の文化は自分たちを取り巻く世界を構造化するものであるとする。その構造は、その文化を担う人々によって明示されている。それとは気づかぬまま、人々はその構造に従って認識し行動する。優劣を付けたり、差異化さらには差別したり、グループ分けしたり、強い関係、弱い関係を結んだり、関係を結ぶことを拒否したりする。少くとも、一九八〇年代までの日本文化では、世界を構造化する大黒柱にケガレという指標を用いていたといえる。ケガレは差異化のもっともわかりやすい、そして、時には感情に訴え、身体反応までも引き起す強い指標であった。

本書の中で取り挙げた事例はほとんど消失し人々の記憶の中にも残っていない。対象を分別、弁別するのに「きれいかきたないか」「ハレかケガレか」という指標は用いられなくなっている。生活の隅々にまで浸透していた何が「きれい」で何が「きたない」かを必ず意識することはなくなった。かろうじて、衛生面や食の安全性の中に残されているにすぎない。つまり、ケガレは本質的なものではなかったのである。余りの便利さの故に、ケガレがあらゆる場面や対象に用いられていたため、研究者は右往左往させられていたと考える。二〇〇九年現在、それでは何が差異化の指標になっているのかを考えるのがこれからの課題である。

二〇〇九年六月十九日

波平恵美子

はじめに

本書の目的は、日本の民間信仰における不浄の観念（ケガレ観念）について、「あでもない、こうでもない」という私見を述べることである。

民間信仰とケガレの問題についての論考を初めて発表したのは一九七四年の「日本民間信仰とその構造」（『民族学研究』三八巻三・四号）においてであったが、その後に続けて発表した「通過儀礼における〈ハレ〉と〈ケガレ〉の観念の分析」（同四〇巻四号、一九七六年）、「水死体をエビス神として祀る信仰——その意味と解釈」（同四二巻四号、一九七八年）、「月経と豊饒」（『儀礼と象徴』一九八三年）においては、ケガレ観という複雑に入り組んだ様相を示す信仰に、何らかの型で「理論」を見出そうと試みた。最初の論文で用いた「ハレ・ケ・ケガレの三極構造」というものも、ケガレ観念に係わる民間信仰の諸相を何らかの「筋道の通ったもの」として示すための工夫であった。また、ケガレ観念というものに視点を据えて日本の民間信仰を分析しようと試みたのは、多様な様相を持つ信仰が何らかの形で「体系的」であることを示すための一つの方策であった。

しかし、十年たってこれまでの自分のつたない仕事を振り返ってみると、理論的であろうとするための強引な資料の扱い方が気になってきた。本書は、一九七〇年に、テキサス大学のアジア・コレクションの書庫で、初めて『定本柳田国男集』を目にし、日本民俗学の膨大な蓄積に接した時に感じた衝撃に再び立ち帰ってみようという、私なりの反省に基づいて書かれたものである。

日本の民間信仰は単に記述するにしろ、論じるにしろ、資料は多岐にわたっており、地域的なヴァリエーションは豊かであるから、扱うには非常に手強い相手である。しかし、考えてみれば複雑ではない信仰など存在するであろうか。どのような社会の信仰にしても、日本におけるほど多数の研究者が、しかも各地方から四分の三世紀以上にもわたって資料を集めて中央に送り続けたならば、必ず複雑で多様な様相を示すに違いないのである。例えば、中国の民間信仰について、もし中国において日本民俗学が果してきたような資料蓄積の役割を果す組織や運動力がこれまで存在していたらと考えるだけでも、研究の対象が手強いか否かは与えられる資料の量によるのではないかとさえ思われる。

これまで日本では、比較的安易に「西欧のキリスト教と比べると」などという表現で日本の信仰や宗教とキリスト教との比較を行なってきたと思う。しかし、その「キリスト教」とは、聖書や一部の聖書学者や宗教学者が論じたキリスト教なのであって、最近、ごく一部ではあっても日本に紹介されるようになった「キリスト教的な」西欧の民間信仰の資料を見ると、日本の研究者がこれまで持っていた「西欧のキリスト教」の概念はくつがえされてしまう。ヨーロッパの民間信仰は、ジェームズ・フレイザーの著作によって部分的には、また断片的には日本でも早くから知られていたが、今後多くの資料がまとまった形で紹介されるようになれば、キリスト教は決して明快な様相を持つものではないことを知ることになろう。

本書では、信仰が人に与える力や影響の中でも最も大きなものである死に係わるものと不幸に係わるものが、日本ではケガレという観念とどのように結び付いて信仰の諸相の中で示されるのかについて述べている。ケガレ観念の最もわかりにくく、「あでもない、こうでもない」論議の最たるものは、ケガレとされ、危険や不幸をもたらすとされるもの、例えば水死体が、時には人間に幸いをもたらし、時には神聖なものとして信仰の対象となる、いわゆるケガレの儀礼的価値の転換である。しかし、ここではごく一部を除いては論じていない。

この問題は、日本の民間信仰において重要な要素であるケガレ観念、そのケガレ観念の中でも最も重要なものであり、今後、稿を改めてその点のみを論じるつもりである。最近民俗学やその周辺において、漂泊者や非農耕民の問題が新たな光を浴びて浮びあがってきている。柳田国男の仕事が「後狩詞記《のちのかりことばのき》」や「遠野物語」から始まり、四十年近くを経て「先祖の話」となって終わったことで代表される日本民俗学が、あるいは逆のプロセスをたどろうということの現われとも思われるのである。私自身、民間信仰におけるケガレ観念の研究が、このような一連の動きと、どこでどのように係わってゆくかは今のところ見当がつかない。しかし、何らかの係わり方をするであろう予感を持つのである。

一九八五年八月

波平恵美子

目次

なお、本文中の地名は、取材当時または引用原典のままとしました。

ケガレ

第一章「ケガレ」観念をめぐる論議とその重要性

民間信仰におけるケガレの観念の重要性

日本人の信仰や儀礼の中には「ケガレ」とか「不浄」の語で示される観念が存在することが明らかである。それは単なる汚れとかきたなさという意味をはるかに越えた意味内容を含み、儀礼的（宗教的）な価値を示すものでもある。この観念は「死に不浄がかかっているから、お宮へは参れない」とか、「不浄の者立入るべからず」というような言葉によって表現されることもあるが、多くは禁止行為と儀礼の内容の中に見出される。

「死に不浄」「黒《くろ》不浄」の語で示される死に係わるケガレの観念は、人が死んでから特に四十九日目までの間に、死者の遺族を中心にして行なう儀礼の数々が、いずれもケガレを祓《はら》い去り、取り除こうとする意味を持つことから明らかなのである。

　したがって、ケガレは死の発生によってひき起されたある特殊な状況であり、死に伴う儀礼はその特異な状況を元の状態に戻すために、またケガレという状態を取り除くために行なわれていると理解することができる。しかし、後の章で述べるように、死者儀礼の詳細を見ると必ずしも死のケガレは取り除かれ追いやられるだけの対象ではなく、時には儀礼の参加者が積極的にケガレの状況に近付き、身を置くということを意味する内容も含まれており注目に値する。

またケガレとは、死や出産などによってもたらされた状態や状況だけでなく、そのような状態の中に置かれたり使われたりしたために、それ自体がケガレである存在としての物や人が含まれる。あるいは「けがれたもの」は、またそれに接するものを「けがす」力を持ち、例えば死体や棺桶や出産に使われた寝具などは、英語による表現を用いるとより明確に、"polluted" でありかつ "polluting" なものである。

日本人の信仰を理解するうえでケガレの観念についての考察を深めることが重要であることの理由は、何よりも、ケガレが人間の不幸の説明として用いられるからである。ケガレの状態やケガレの状態にある物や人がそのまま不幸と同一化するのではないが、ケガレの状態は人の死や仕事の不首尾などをもたらすという信仰が存在する。

具体的には、思いがけない人の死や、頻繁な仕事の失敗や、病人の頻発などの原因として「何かケガレがかかっているのではないか」と考えて、ケガレの発生源を捜すという信仰活動として示される。

それが家族単位で起る場合には、ケガレの発生源とされるのは、充分に供養を受けていない祖先の霊や、最近では水子《みずこ》信仰の隆盛に見られるように、生まれて来なかった子供、したがってまったく死者供養も受けたことのない胎児の霊や、あるいは「間違った」取り扱われ方をしている井戸や便所、粗略に扱われている屋敷神やその他の家の神などである。時には住んでいる土地の方角や屋敷構えそのものであるとされることもある。

地域共同体が単位である場合には、共同体の神への祭祀のやり方や、神社その他の聖域とされている空間や信仰の対象とされてきた物が「間違った」取扱いを受けているからだと指摘されることがある。

ケガレの発生源の指摘は、不幸を負っている当人達が自分の判断で行なうこともあるが、多くは宗教職能者とでも呼ばれる祈禱師や巫者や占師達によって行なわれる。指摘されるケガレの発生源の多くは死に係わるものであるが、すべてが死によってもたらされたものではない。「間違った」取扱いや位置づけや人間関係もケガレとされることが多い。

ケガレ観念が重要であることの第二の理由は、民間信仰における儀礼の中で、ケガレを祓い去ることを目的とした儀礼の多様性と、儀礼の行なわれる頻度の高さである。このことは、日本人の民間信仰がケガレ観念を中心として形成されていることをうかがわせる。

特に民間信仰の場合、信仰の当事者がその信仰内容を体系だてて言葉で表現することは少ない。むしろ、儀礼やさまざまな禁忌事項や神話の形で表現する。したがって、日本人は「神」について語ることが少なく、神の具体的なイメージを持たないからと言って、日本人が無宗教者であり、信仰を持たない人々であると断言することはできない。また、その信仰が現世利益的であったり、「迷信」に近いものであったとしても、日本人の行動には多くの儀礼的行為が見出されるのである。

例えば、死者儀礼の発達は、葬式のあと一年間に行なわれる儀礼にさらに引き続いて、三十三年、四十九年、五十年目と、地方や宗旨によって異なるが、長期にわたって死者の供養をするだけでなく、月命日、祥月命日、盆、春秋の彼岸などに死者のための儀礼を行なうことでも示される。それらの儀礼は単に亡くなった人の霊を招いて供養し、生前のその人を語り懐かしむといった意味だけではなく、ケガレを祓い去る意味をも含む。

今日の都市生活者の間では、宗教的儀礼を行なうことが少なくなったとは言え、また、簡略化され商業化されたとは言っても、人の死に伴って儀礼が必ず行なわれ、遺族は通夜、葬式、忌明《いみあ》けの儀礼を行なわずにすますことはできないことを見てもわかる。そして、それらの儀礼においては、死の発生によって生じたケガレをいったん強調しておいて、その後そのケガレを祓う意味が強いことから、日本人の信仰の中核としてケガレの観念が存在すると考えられる。

神を祀る神社での儀礼は、まず何よりも不特定なケガレを祓うことから始まる。その祓いの儀礼は、清浄かつ神聖なハレの状況を作り出し、そこへ神の招来の場を設けるために欠かすことのできない手続きである。神道で最も中心的なハレ観念は、ケガレの反対の極にあり、ケガレの状況やそれを作り出す存在の否定によって成立する観念であると言うこともできる。

儀礼の発達と普遍性ということからすれば、死によって生じるケガレが最も明確に認識されていると言える。しかし、地方によっては「赤《あか》不浄（出産や月経に伴って生じる不浄＝ケガレ）の方が黒不浄より強い」と言って、出産や月経によって生じたケガレの状況が生活の他の領域へ入り込むことを厳重にくい止めようとする信仰行動が見られることもある。

神社における儀礼から女性の参与を排除したり、神聖とされる空間（それは神社内の一定空間や山や海などの自然の空間の場合もあるが）へ女性が立入ることを禁じたりするのは、女性そのものというより、女性が月経や出産という現象を伴う存在であるために、ケガレの発生源として排除されるのだと考えられる。また、月経小屋や出産小屋の存在は、月経や出産に伴うケガレを強く意識し、日常生活の場からもそのケガレを排除するために設けられたのだと考えられ、墓地などと同じく、ケガレという状況が恒常的になった空間としてこれらの小屋が存在するようになる。

一方、死や出産・月経とは結びつかないのに、ケガレの状況にあるとみなされ、儀礼が行なわれる空間がある。ムラの境界や平地と山地との境目、峠などがそれである。ムラの境界に馬頭観音を祀り、「ここでは馬がよく死んだので、馬の霊を祀っているのだ」などと説明すること（四国高知県の例）もあるが、これは境界地点であるがゆえのケガレの状況に死のケガレが付加されたと考えられる。

同様に、峠にはダリ神《がみ》などという一種の死霊がいて、人に祟《たた》って病気にし、ついには死なすこともあるのでサカキで祓い去るとか、シバを供えるとか、弁当の一部を供えるなどして人間に祟らないようにするという信仰や儀礼が見られる。そしてこのダリ神は峠で飢死《うえじに》した旅人の死霊などと言われるが、先の馬頭観音を祀る例と同じく、死のケガレが付与されたものと考えられる。

空間と同様、時間の流れの中でも、死によって生じたケガレを祓う儀礼とよく似た儀礼が行なわれることが見出される。盆行事がその代表であり、死者がその子孫の所へ戻って来るとされる。逆に盆の期間中に死んだ者は特別な方法で埋葬されたり、そのような死者の霊は盆の期間に子孫の所へ戻れず、したがって供養を受けることができないので、死のケガレを長く留めるとみなされる。

盆の期間中に行なわれる儀礼は葬式や死者供養の儀礼と似ており、この時間帯がケガレの状況にあると言ってよい。盆行事については、日本民俗学においてすぐれた論議がこれまで行なわれてきているが、一年二分説に従えば、盆は一年の前半期と後半期との境目にあり、空間の場合と同じく境界線上の時間もまたケガレの状況にあるとみなされ、それに死者が訪れる時期であるという死のケガレが付与されたと言える。

春秋の彼岸は盆ほどはっきりと、死者の霊が子孫を訪れるとはみなされていないが、死者の霊への供養が行なわれるとともに、家祓いの儀礼が行なわれる。北関東から東北地方にかけて盛んな年中行事である「おこと」あるいは「こと八日《ようか》」は、冬から春、秋から冬への農作業のカレンダーの境目に行なわれる。おことという妖怪が各戸をのぞいて回り、汚い家があればその家に災いをもたらすので、家の内外をきれいに掃除しなければならないという。これは形を変えた家祓いの儀礼と言えるのであり、この期間がケガレの状態にあると考えられる。

松平斉光《なりみつ》におけるケガレ論

儀礼の内容からケガレとされる状況や存在を見ると、ケガレは死だけではなく出産やある種の犯罪や病気、放火や失火、あるいは境界的な時間や空間に伴う状況、もしくはそれらの属性であると言える。ところで、ケガレの具体的な内容については、すでに一九四六年に松平斉光は『祭――本質と諸相』において次のように述べている。神の性情の一つとして、神が罪穢れを嫌うことがあげられる。その罪穢れとは、「祓いの観念と表裏し、祭礼の重要な要素を成すものである。なぜなら、神の嫌う所を駆除して置くことは神神を饗応する上の重要な前提条件だからである」（一九頁）。罪穢れは次のようなものを含む。[1]

(1) 衛生的に不潔なものを意味する。糞尿を始め、塵芥、腐敗物、溜り水のごとく、人間に不潔感を与えるものはことごとく穢れである。

(2) 必ずしも不潔でなくとも、醜怪な感じを与えるもののすべてである。[2] 中でも血液は神の最も忌む所である。殺傷の出血はもちろん、産血から月水に至るまで、ことごとく穢れとして嫌悪される。

(3)　死。これは人間の最も嫌う所であるが、神も同じように著しくこれを嫌悪する。禽獣一般の死や死者の屍を切り破ること、鳥獣を殺して料理することも一つの穢れである。

(4)　自然から受ける損害のすべてであり、人間が虫に刺されたり、蛇に咬まれたり、家畜が野獣に食われ、農作物が害虫に荒され、天変地異によって人畜の害を受けることなど、ことごとく罪穢れである。

(5)　人間の社会生活を攪乱する行為のすべてが穢れである。大祓に列挙されている罪のほか、掠奪、横領、盗賊、放火、失火、職務怠慢などが穢れである。つまり、その時代時代の社会意識が好ましくない行為と感ずる所が穢れとされる。[3]

松平は以上のように述べたうえで、罪穢れは非常に複雑な観念のように見えるが、決してそうではなく、社会通念が「あらまほしくない」と感ずる物および行為のすべてがこの内に包含されているのであり、むしろ著しく簡明な観念である。ただ何がそれに当るかはその時その所の社会意識を待ってのみ決定されるものである、と結んでいる。[4]

松平のケガレについての論議には次のような特徴が見られる。

(1)「神の嫌う所を総括したのが罪穢れの観念である」[5]と述べているように、神祭りの儀礼の詳細な自身の研究から、神祭りの中で退けられ忌避されるものを「罪穢れ」としているのであり、神と反対の極にあるものとしてケガレを説明しようとする。

(2)ケガレを「罪穢れ」としていることにも示されるように、またその具体的内容がその時代時代の社会意識によって決定されると述べていることからも明らかなように、松平はケガレが社会的価値体系と結び付くことを強調している。それは、罪穢れの反対の極にある神性を社会の存在そのものとするデュルケームの影響を受けた松平としては当然の論であろう。

柳田国男におけるケガレ論

ところで、日本民俗学ではケガレの観念を「忌み」と重ねて論じてきた。柳田国男は一九三八年に『禁忌習俗語彙』の序文において、「我邦では現在イミといふ一語が、可なり差別の著しい二つ以上の用途に働いて居る。極度に清浄なるものは祭の屋の忌火であるが、別に或種の忌屋の火は是に交はることを穢として避けられる。忌を厳守する者の法則にも、外から憚つて近づかぬものと、内に在つて警戒して、すべての忌で無いものは排除せんとする場合とがある。斯様に両端に立分かれて居るものだったら、最初一つの語によつて之を処理しようとするわけが無い。以前は今よりも感覚が相近く、且つ其間にもつと筋道の立つた連絡があつたのではあるまいか[6]」と述べ、物忌《ものいみ》が外国の学者の言うタブーに相当するかどうかについては、忌みの変遷がわからない限りは断定できないと言う。しかし、柳田は忌みに二通り、つまり清浄と穢れがあるとしながらも『禁忌習俗語彙』にあげられている項目の大部分は穢れに対する禁忌である。なお、本書の前年に刊行された『葬送習俗語彙』においては「忌み」は穢れと同義語として用いられている。

『禁忌習俗語彙』に収められた項目は他の語彙集に比べると少ないが、忌みとされる対象は多様であり、柳田自身、「イミが本来種類の多いものであつたことは、言葉が共通でなかつたら、今ではもう心付く人も少なくなつて居るのである[7]」と言い、さらに、流れ星を見ると忌がかかるという地方で、それを済す（取り去る）にはトットットッと唾を三度吐いて呪《まじな》いをするが、同じ呪いは眼にごみが入った時にもするのであって、これは忌みとは言わないが、忌みに対する考え方はこれからも類推できると述べて[8]、民俗語彙からだけでなく儀礼的行為からも信仰内容を明らかにしようとする態度が見られる。

忌みの対象とされるものは、時間、空間、行為、言葉、物、状態など広般に集められているが、それら多様なものがなぜ忌みとされ禁忌の対象とされるのかについてのまとまった論考はない。むしろ、対立する二種類の忌みに対する柳田の疑問や関心は、「先祖の話」(一九四六年)において展開される、荒忌《あらいみ》の死者が子孫の供養を受けて、許される限り速やかに清まって祖霊となり氏神となるという日本人の祖先崇拝の解釈の中に霧消してしまう。

また、「妖怪談義」や「一目小僧その他」(一九〇九—一九三八年発表)に見られる神と妖怪や魔物との関係、不具の神聖性あるいは「境に塚を築く風習」(一九一三年)などにおける境界性と不浄の重要な問題は、いずれも忌みの二面性と係わっており、数々の鋭い指摘が見られる。それにもかかわらず、柳田は、相矛盾する属性の存在を説明するのに、「前代の信仰の変遷」という考えにとらわれ、説得力はあるものの、理論的発展のない袋小路にこれらのテーマを追いやってしまったのである。

最近のケガレ論——桜井・薗田・宮田におけるケガレ論

近年、民俗学におけるケガレの論議は主として「ケガレ」の語源的説明に終始している。

(一)　桜井徳太郎のケガレ論――桜井徳太郎は「結衆の原点」(一九七四年)において、伊藤幹治《みきはる》の「日本文化の構造論的理解をめざして」(一九七三年)および波平の「日本民間信仰とその構造」(一九七四年)におけるハレとケ、あるいはハレ・ケ・ケガレの観念についての論議を批判しつつ、ケガレは「ケ」が枯れた状態、つまり生命エネルギーが枯渇した状態を指す語であるという説を展開する。

その背景には、柳田国男が日常態を示す語としてケの語を用い、非日常性をハレの語で示し、日本人の生活がハレとケという異質の生活形態、行動形態から成立すると指摘してきたのに対し、それ以降の民俗学では「学問本来の在り方からみて当然常民の日常性を把握する方向へ進むべきはずなのに、それを捨てて非日常性の異常態分析へと情熱を燃やす民俗学者が多い。これはまことに不可解である(9)」という、ハレ観念の過大な重視を批判する桜井の立場がある。

つまり、桜井は、日常態のケこそ日本民俗を理解するうえでは重要であり、そのケの状態を持続するためには絶えずエネルギーを発散するから、そのエネルギーを補わなければならない。そのケの賦活《ふかつ》行事がハレ行事であるという。そして、このエネルギーがケの生活の中で枯渇した状態こそが「ケガレ」であり、ハレ・ケ・ケガレの関係はしたがって次のようになるとしている。

ケは人間生活の基幹部を形成しているが、このケの領域は絶えず動揺していて、それはケガレ現象によって左右されるのである。しかし祭りや年中行事が催されるとケは縮小しハレが拡大する。それによってケは機能を回復してくる。

また、ケガレの消去を望んでいる人々をハレへと志向させる要求には二つあり、それらは互いに相反するものである。一つは幸福・吉・慶事・豊饒を求める行為で、これをプラスのハレということができる。一方は、不幸・凶・禍厄・不作・不漁など不祝儀に属する領域で、人間に対してマイナスに働くからマイナスのハレと称することができる。そして、儀礼構造上ではプラスのハレもマイナスのハレも同じ性格を持ち、非日常性が強調される。出産も月経も同じくケのエネルギーの枯渇であり、出産や月経に伴う行動規制や出産後の通過儀礼も、いずれもハレの領域を増すことによってケの復元をめざすものである、と述べている。[10]

桜井は従来民俗学ではハレの行為、ハレの状態についての研究が重視されたが、ケの生活の研究こそがもっとめざされるべきであると主張するとともに、ケガレを、ハレの清浄性と対比する不浄の観念だとする考え方は、「ケガレ観念の深層へ観察の眼を注ぐ努力を怠っているから[11]」出て来たのだと批判する。

㈡ 薗田稔のケガレ論――ケガレを「ケ・枯レ」とする考え方は宗教学の分野では薗田稔が「残響の彼方――神話の宗教学試論」（一九七七年刊）の中で支持している。ただし、ハレ・ケ・ケガレの関係についてのとらえ方は桜井とはやや異なっている。薗田は記紀神話を「生きた姿で理解」し、神話を語った人々の心意を理解することをめざしたこの論文の中で、一方では記紀神話から、他方では民俗学の業績を考慮に入れつつ次のように述べる。

したがって要するに、「忌」なる不浄観念に対応する穢《けがれ》とは、ケ即ち霊的生命力の衰退・死滅を具現する嫌悪・忌避の事象を内包し、何よりも、俗なる日常から聖なる祭の世界へ移行する契機となるものなのである。つまり、日常的にもケなる状態の無事を願って異常のケガレを忌む（忌避する）という消極的なエトスが成立することは勿論だが、祭に当っては俗なる状態が強くケ枯レと意識されるからこそ、特に俗を忌んで籠り（忌籠り）、心身の俗性をケガレとして積極的に祓い浄める（斎戒）過程が要請されるのである。(12)

さらに、記紀において神聖な行事に当っての清浄な心持ちを示すものとして、薗田は、アカシ（明・赤・丹・清明）やキヨシ（清・浄・明浄）ばかりでなく、ナホシ（直）、タダシ（正・貞）、マコト（誠）、ヨシ（善）などがあり、他方、キタナシ（汚穢・穢・垢・濁・悪）、クラシ（黒）、アシ（悪・邪・凶）、アラシ（荒・疎・麁）、シコ（醜・凶）、マガ（禍・悪・禍害・枉・凶）などが神事の際に自らを不浄と意識する心意を示すものとして見出されるという[13]。

さらに、一方を「きよし」とし、他方を「きたなし」と感覚するのは、ともに神聖観念の分化としての聖浄と不浄（ケガレ）の二範疇を踏まえての心象であり、不浄の内実が穢＝ケ枯レとしてケという日常の地平の延長線上にあって、その充実した状態の反対の極にある。したがって、日常的にはケ枯レは日常性としてのケを乱す異常なものに限定されて意識されるが、忌籠りに入って祭儀が執行される直前にはケ枯レが拡大して忌避の対象となり、最もケ枯レタ状態になる[14]。そして、いったんケ枯レタ状態になるとそれは不可逆現象なのであって、放っておくとそれは死滅の状態になる。ケガレをケへ戻すのは祭りの執行である[15]、とも述べている。

㈢　宮田登のケガレ論――宮田登は「神と仏――民俗宗教の基本的理解」（一九八

三年刊）において、桜井のケは農耕文化の表象としてのケであるのに対し、生命エネルギーである「気《ケ》」を強調し、次のように言う。ケガレは原理的には「気」＝生命力の衰退・消滅を示すものであり、現象的には、汚穢《おわい》・不浄観をひき起すものである。しかし、この不浄観はあくまで二義的に理解されるべきものであり、ケガレ即不浄観を強力に打ち出したのは、宮廷文化を中心とする神事の世界であり、「穢気」＝不浄の排除のための技術としてミソギ・ハラエを定立させ、イデオロギーとしての神道が成立した。このケガレを除去すると同時に幸運をもたらすという思考がさらに加わったことが、民俗文化に大きな影響をもたらしたとしているのである⑯。

岡田重精《しげきよ》のイミの研究

大嘗祭を始め、宮廷儀礼の分析にすぐれた視点を示す宗教学の岡田重精は『古代の斎忌（イミ）』（一九八二年刊）において、記紀を始め、各儀式書、故実書、日記類、文芸資料などを検討し、イミ・イムやその類語の用いられている事象や場あるいは状況を検討し、またイミ・イムの用語・用例を詳しく調べたうえで次のように述べている。

(1)　古事記・日本書紀・万葉集・風土記においては、イミ（斎・忌）はおおまかに言って神聖清浄な対象とか神聖に係わる事象や主体的態度を指す。しかし諱が用いられている場合は、死と係わるものを危険視しこれを畏れ避けることを意味する。いずれにしても対象が非日常的で聖別されたものであることを示す語としてイミが用いられる。

(2) 皇太神宮儀式帳・止由気宮儀式帳・延喜式・祝詞・古語拾遺においては、忌と斎は同一の対象に対して用いられ両者が区別なく通用している。直接祭祀と結びつく場合が多く、イミが修飾的に用いられて、祭祀に係わる用具にイミの語が付けられる。ただし諱の字はやはり死に係わるものに対し用いられており、この語のみ異質である。

(3) 動詞としてのイムは忌・諱の外に悪・畏・禁などと表記され、斎は表示例にイミコモリ以外は見られず、名詞形のイミとは基本的に性格が異なっていて、神聖清浄を指示しない。イムが対象とするのはそれらが何らか異常で超越的なものであり、それらと係わる行為が危険であり畏るべきことを標示し、もしそれを犯せば必ず解除が求められなければならず、それを畏れ憚かる態度や情感がその基底となっている。いわゆる禁忌の語がそのまま当てはまるような意味内容を示す語である。(17)

(4)　イミ・イムと類語であるイ・ユ・イツ・ユツ・イハフ・イツク・ユユシ・ユメなどもその用法を検討すると、イミとイムとは異なった局面をもち、類語もまたそれらと密接して二つの局面で展開している。それらは①イミの系列に見られる神聖清浄を標示しこれを積極的に志向する方向と、②イムの系列にみられる神秘的危険に対してこれを畏れ避ける消極的な局面である。特にユを語根とするユユシは畏るべき行為や事象について、それに抵触することが危険をもたらすことを警告し、それを忌避することを意味する。(18)

岡田重精はさらに、『皇太神宮儀式帳』や『神祇令（『令義解《りようのぎげ》』に基づく）』『儀式』などにおいて、どのような場面にどのような儀礼が行なわれているかを詳細に検討し、次のような結論に至る。

不浄は、罪・穢・災の三種のものを含み、それらは複合しながら社会集団の規範や体制を脅やかし、それを混乱しカオス化させる危険な事象である。イミは、カオス的な危険力を誘発し伝播する事象を不浄として指示し、これを糾弾し忌避させる機構を示す。(19)

さらに、不浄と清浄については岡田は次のように言う。すなわち、神を祀るに際してのさまざまな儀礼は、また神を祀る儀礼に先立つ予備的な儀礼においても不浄を祓《ふつ》除《じょ》することが必須とされる。イミの一側面、それは主に「斎」によって指示される世界は、何よりも不浄が忌避され、日常・世俗を超え、ユユシキ畏れ憚かるべき世界である。そして、その神聖清浄の世界が不浄の拒否や祓除によって成立するので、神聖清浄と不浄とは不可分の関係にある(20)。

不浄の具体的内容である穢・罪・災について、本居宣長は罪が穢や禍を包括する概念としているのに対して、岡田は大祓祝詞が罪と災（禍）を記し分けていることと、死穢についてはまったく触れていないことなどから次のように整理している。

穢——生理的なものに係わり、死や出産、月経、結婚、食肉などである。死穢はその典型であるが、死はまたそれ自体が災禍でもある。穢は「禊」の対象となる。

罪——神や社会集団の規範を犯し、社会に混乱を持ち込む行為である。これらの罪は代償をし、祓の儀礼を行なわなければ災をこうむるような神秘的な危険力となる。

災——天災地異。鳥獣昆虫の災。荒ぶる神・夜刀神・石神など周縁的な領域に属し災の発現体となる神(21)。

以上のような不浄を指示し、それが伝播し、危険をもたらすことのないように忌避させるためのイミは古代においても時代に伴って変遷したことが、儀式書、故実書、日記類、文芸作品を検討すると明らかであると岡田は次のように指摘する。

(1) 本来、人の死を基本とする触穢の展転現象がほかの穢についても拡大することに見られるように、穢の対象は拡大・分散し、かつ穢や触穢がきわめて合理的・感覚的に解釈されるようになる。それは生活の場が複雑化し触穢の契機が多岐になる傾向と相関関係にある。それは穢観念の稀薄化を示すものではなく、かえってそれが鋭敏に捉えられ触穢に対する警戒が強化されたことを意味する。[22]

(2) 一方では仏教の普及と、他方では陰陽道の発展によって、本来のイミにさまざまなものを累加させ複雑化させた結果、平安期の初期に比べると中期以降はイミの具体的内容に混乱やあいまいな部分が生じ、そのことがかえって人々をしてイミに拘泥させる結果を生じた。

(3) 怨霊や祟り現象と関連して災に対する不安や危機感が増大し、不浄の中でも災異観が増大する。例えば平安中期以降の改元はすべて火災や地震あるいは星異などの災異を動機としている。これは平安初期まですべて祥瑞《しょうずい》が改元の動機となっていることと対照的である。このことは、これらの現象に対する異常な関心と畏怖とをあらわすものである。つまり、平安初期以前には異常現象に対する反応が吉祥への積極的志向であったことから、中期以降には凶災への消極的な忌避の方向へと変化した。その背景には不安や畏怖をそそるような政治的、社会的不安があり、また陰陽道の影響力の増大がある。(23)

以上が『古代の斎忌（イミ）』において岡田が展開しているケガレに関しての重要と思われる論点である。

波平のケガレ論

ところで波平は、一九七四年に「日本民間信仰とその構造」において、ケガレについて次のように述べた。

(1) 日本の民間信仰は各種の起源や成立事情が異なる宗教が時代を異にしながら次第に積み重ねられ「シンクレティック」な様相を示すと、今日まで民俗学や宗教学において論じられてきた。そのような視点から、民間信仰の具体から各「信仰要素」を抜き出し、それら諸要素の関係を伝播経路や伝播の時期によって説明し、地方ごとの信仰のヴァリエーションもまた、それによって説明しようとする傾向が強い。しかし、民間信仰は過去の経過はともかく、現在観察される内容から見るかぎり一つの体系（構造）を持つのであり、民間信仰の体系は氏神の祭りの単位であり、通過儀礼や家単位の祭りにも深く互いに係わり合うムラ（地域共同体）を単位として成立すると仮定することができる。

(2)　民間信仰に一つの体系を与える要素としてハレ・ケ・ケガレの観念があると考えられる。ただし、ハレ・ケ・ケガレのみが民間信仰に一つのまとまり、あるいは体系を与える要素ではない。

(3)　ハレ・ケ・ケガレは、日本人の信仰の中で重要な観念ではあるが、波平においては清浄性・神聖性を示すハレ、日常性・世俗性を示すケ、不浄性を示すケガレというくらいの漠然としたものとしてとらえ、むしろ、儀礼において、ハレ・ケ・ケガレがどのような関係として現われているかを調べることを主とし、それらの観念の内容について検討することを目的としない。つまり、ハレ・ケ・ケガレを儀礼を分析するうえでの理論的枠として用いる。

(4)　民間信仰の理解においてケガレの観念は特に重要な要素であると考えられるが、これまで民俗学においてはケガレを宗教性・神聖性を示すハレの一側面、ハレの亜《サブ》観念としてとらえる傾向が強かった。しかし、ハレの観念はケガレを排除することによって成立し明確化する観念であるとも言える。したがって、ハレと対立する観念としてケガレ観念を取り扱う。

(5)　民間信仰のヴァリエーションは、そのハレ・ケ・ケガレの関係の差異によって生じる。

この論文に続く「通過儀礼における〈ハレ〉と〈ケガレ〉の観念の分析」（一九七六年）および「水死体をエビス神として祀る信仰――その意味と解釈」（一九七八年）においては、ハレとケガレの観念の転換がみられる事象やそれらがきわめて近く接触してとらえられる儀礼を扱って、日本の民間信仰においてケガレ観念がどのような位置を占め、儀礼を発達させているかを明らかにしようとした。

ケガレをハレ観念から独立した観念として取り扱うべきこと、それは大まかに不浄性に係わるものであることという波平の視点に対して、桜井徳太郎は一九七二年五月の日本民族学会（二〇〇四年に日本文化人類学会に改称）の研究大会での波平の口頭発表に対しその場で批判し、ケガレは生命エネルギーであり、米を中心とする生産活動や豊饒性を示すケが枯れた状態を意味すると述べた。

それに対し、波平は「ケガレ」として標示される内容や対象の現象や事物には桜井の指摘する「ケ」の枯渇を意味するものが含まれることは認めるものだが、波平においてはむしろ、ケガレは日本の民間信仰の体系を明らかにするための分析枠として用いるのであって、ケガレ観そのものを示す語として用いるのではないと述べた。

波平としては、フォーク・モデルとしての「ハレ」「ケ」「ケガレ」の観念に強い関心を持ってはいたが、日本の民間信仰の研究が、特に儀礼の研究において桜井が指摘する視点とは異なるが、ハレ観念の重視に傾きすぎていると考え、また、何よりもハレ観念とはケガレ観念のアンチテーゼとして導き出されたもので実体はないと考えていたので、ケガレ＝不浄とみなして儀礼の分析に用いる視点を出したのである。

桜井の「ケ・枯レ」論は、祭りや儀礼の機能について一つの新たな解釈を与えたものであり、評価される。ただし、日本の民間信仰における儀礼をすべて「ケ・枯レ」た状態から生命力が充実し、生産機能が十二分に回復したケの状態を取り戻すために行なわれるとすると、儀礼の実態に照らし合わせた場合、説明のつかないものが多く出てくる。

「ケガレ」を多義言語として取り扱うべきだという宮田登の指摘は重要であるが、その視点を持ちながら、なぜ、汚穢・不浄観はケガレの二義的意味内容であり、宮廷文化を中心として故意に作り出され、後に付加されたものであるという考えが導き出されるのか理解できない。納得できない理由は次のようなものである。

(1) 記紀神話におけるケガレの語は、岡田重精や薗田稔が指摘する通り、何よりも汚穢の状態、汚穢の心持ちであり、汚いものへの生理的嫌悪を示す場合に用いられている。

(2) 宮廷文化においてケガレ＝不浄観が、時代が平安初期から末期に下るにつれて尖鋭化し、明確化してゆくのは岡田の研究も指摘する通りであろう。しかし、民間のケガレ観がわからない限り、何を根拠に現在もはっきりと見てとれるケガレ＝不浄観が、宮廷文化の民間への、あるいは中央の文化の地方への浸透と結論することができるのであろうか。むしろ、岡田が一例のみあげているにすぎないが、『源氏物語』中「蜻蛉」における記述に、宇治の里の人々が葬式の喪を京の人々より大がかりに行ない、死を恐がる度合いが強いとしていることは、重要である。

桜井・薗田・宮田各氏が展開するところの、生命エネルギーが失われた状態を示すというケガレ論は「祭りのイデオロギー」とでもいうべきものを説明するうえで、きわめて有効な説明となり、学ぶべき点は多い。しかし、語彙でもって人間の行為を説明するという民俗学の方法論の偏りを端的に示す例としても指摘したい。

柳田国男が忌みについて述べているように[24]、それは多様であり複雑な内容を含むものである。忌みはケガレとまったく同一のものではないが、深く係わり、多くの部分で重なり合う。それら複雑な具体的様相を解きほぐし、関係を明らかにし、それらが持つ意味を明らかにしてゆくことが民俗学や文化人類学の課題であると思う。

いずれにせよ、「ケガレ」は複雑な内容を持ち、日本人の信仰や象徴体系に深く、しかも入り組んだ形で包み込まれている観念である。またそれは、人々の心理的、感情的反応を呼び起こし、価値や社会関係とも係わりながら、その詳細は変化しつつも、古代から現在まで存続している。

本書の目的は、ケガレの観念の内容の説明をめざすものではなく、むしろケガレに視点を据えて民間信仰を見ると、これまで説かれたものとは異なる姿で民間信仰が立ち現われることを指摘することである。同じ儀礼がこれまでの解釈とは異なる解釈も可能であることを示すことも本書の目的である。

本書において、桜井・宮田・薗田・近藤直也各氏の理論を、そのすぐれた洞察に敬服しつつも批判しているのであるが、それは論じられた内容よりも、ケガレ観念のような複雑な観念を一つの説明、一つの結論へと収斂しようとすることを批判したつもりである。少なくともケガレの観念を論じて、「もとの意味」や「本来の意味」を求める必要はないと考える。

同様のことは、第四章で取りあげた、アンナ・メイグスのメアリー・ダグラスの理論への批判にも見られる。ダグラスが *Purity and Danger* の中で不浄観を多方面から論じているのに対し、メイグスはそれを身体からの排泄物に係わるものとして限定しようとする。彼女の理論はダグラスの批判にならないばかりか、ダグラスが提示した、不浄観の豊かな意味的広がりをすべて無にしたにすぎない。

注

（1）以降は一九七七年に朝日新聞社より再発刊された本に基づいて引用する。
（2）なお、一九四六年に日光書院より発刊された本には、「例えば皮膚病、不具疾病の如きである」（一三頁）という記述が見られるが、再発行されたものからは削除されている。
（3）松平斉光、一九七七（一九四六）年、一九—二〇頁。
（4）前掲書、二一頁。
（5）前掲書、一九頁。

（6）柳田国男、一九七五（一九三八）年、一頁（序文）。
（7）前掲書、三頁（本文）。
（8）前掲書、三頁（本文）。
（9）桜井徳太郎、一九八五（一九七四）年、四二頁。
（10）前掲書、三八―五二頁。
（11）前掲書、四四頁。
（12）薗田稔、八八頁。
（13）前掲書、八八―八九頁。
（14）前掲書、八九頁。
（15）前掲書、八九―九〇頁。
（16）宮田登、一九八三年、四六―五〇頁。
（17）岡田重精、一九八二年、一一―二〇頁。
（18）前掲書、四三―六一頁。
（19）前掲書、八五頁。
（20）前掲書、七七―七八頁。
（21）前掲書、七七―九二頁。
（22）前掲書、二三四―二三五頁。
（23）前掲書、一九六―二六四頁。
（24）柳田は早くから「橋姫」「境に塚を築く風習」「鯖大師」などにおいて、境界性の持つ聖性や不浄性や禁忌について鋭い指摘をしている。

第二章　民間信仰におけるケガレ観念の諸相
――黒不浄・赤不浄・その他

第一節　死に係わるケガレ――黒不浄

死の異常性

日本人の間で死をケガレとし、不浄なものとする考え方は一般的で、それについては異論はないように思われる。

しかし、仲松弥秀《なかまつやしゆう》は「死人観」(1)の中で、古代の日本人には死の穢れの観念はなく、イザナギが黄泉国《よみのくに》のイザナミを訪れる話はそれを示すのだと主張する。そして、死をケガレとしない観念は僻遠《へきえん》の山中や離島に残っており、南西諸島におけるモガリの儀礼などはそれを如実に示すのだと言う。

現在でも、沖縄池間《いけま》島では会葬者が墓地から去る時、「あなた（死者）は神になられた。この人達（会葬者）を悪霊から守って下さい」と言いながら祓う儀礼は死者がケガレではないことを示すし、また、沖縄の古いムラ、例えば知念《ちねん》村佐敷、玉城《たまぐすく》村奥武、宮古島の狩俣、島尻元島などは、その御嶽《おたき》、グスク（仲松の研究によればグスクとは古代の祖先の風葬場所がのちに拝所となったもの）と村の宗家《そうけ》とが隣り合わせになっており、これらのことから昔の日本人の観念には死をケガレとする傾向はなかったという（一九五―一九六頁）。

ところで「死のケガレ」とは具体的に何を指すかを明らかにするために、各地における死者を葬う儀礼を見ると、それが「ケガレ」であるか否かは別として、死が日常性とはきわめて異なる性格の出来事としてとらえられていることを示す習俗を数多く見出すことができる。

今日の都市でも広く行なわれている「さかさ水」や、衣服をさかさに死体にかける、着物の合わせを普通と逆の左前に合わせる、簾《すだれ》をさかさの裏返しにして忌中札を貼る、畳を裏返しにするなど、「さかさま」の強調がなされる。それらはつまり、日常とは異なる出来事が起ったことを繰り返し強調していることになる。

このように、死を「ケガレ」とみなすかどうかという問題よりも前に、何よりも死を異常な出来事であるとする認識がどのように示されているかを記してみる。

青森県野辺地《のへじ》地方では、入棺の際持ち込む品物はすべて屏風越しに受け渡しをし、棺桶さえ屏風越しで持ち込む。死人の装束や棺に入れる持ち物も屏風越しに渡すので、普段は屏風越しのやりとりを忌むのである。[2]

神奈川県津久井郡では、死者の枕辺には「枕団子」を供えるが、この団子の粉は、まず内庭に梯子をさかさまに掛けておいて、そのうえで、白米を洗ったものを臼で左にまわして粉にしたものである。[3]このさかさまに掛けた梯子は米を粉にすることには何の役割もしないが、その粉が特別な用に使われることを示すために臼の横に立てられるのだと考えられる。

また同地方では、葬列の供に付く人は「ヒヤメシ草履」ないし「金剛草履」というのを履くが、これを座敷から履いたまま下へおりる。したがって、日常このような行為をすることを忌む。[4]昔は、会葬者は墓地から帰って来ると臼に腰を掛けたまま足を洗い、また手を使わずに足と足とをこすり合わせて洗った。したがって、この双方を日常することを嫌う。[5]死後三日目に死者の衣類を近親者が洗って、北方に向けて干す。したがって、日常には「着物を北側に乾すな」という。[6]

徳之島の徳和瀬では、ユアミ（湯《ゆ》灌《かん》）の時、畳を取りはずし、その下の竹を編んだ床の上で行なうが、男二人、女二人が一緒にするのに、男二人だけは左綱のたすきを交差させないままに肩にかける。[7]また、井之川では、ユアミの水を川へ汲みに行くのに、着物を裏返しにし、それを頭にかぶって行く(8)。

愛媛県松山市では棺かきのことを「葬式肩」「ソウレン肩」というが、それは前棒と後棒とがわざと肩を違えてかくからである(9)。東宇和郡宇和町では、寝棺は足の方から、坐棺は死体が後向きになるように出棺する(10)。ソウレン肩で重い棺を担げば、随分不都合であろうと思われるが、普段と異なるやり方を取り、それによって、死という異常事態が起ったことを強調しようとすれば、これは最も効果的なやり方の一つであろう。

愛媛県では、葬式だけでなく、死者のあった年のすぐあとに来る正月でも次のような習俗が見られる。これを「巳《み》正月」といい、「仏の正月」ともいう。十二月の最初の巳の日から午の日にかけて行なうところと、辰と巳との間に行なう所とがある。この場合「ミンマ」という。この日は一般の人が夜間に外出することを忌み、かつよその人の宿泊や訪問のあることを忌む風があって、「坎日《かんにち》」(11)ともいう。

仏のための正月であることから、墓前に門松を立てるが、一般のように松は使わず柳の枝か笹竹を用いる。注連縄《しめなわ》は逆縄で、これにイヌシダやミカンを付ける。餅も搗《つ》くが、「一夜がし」といって一晩だけ米を水につけただけで餅に搗く。しかも一臼かぎりである。

巳正月は夜間の行事であって、墓まいりも夜行う。途中は無言で、人に会ってもものを言わない。墓前でワラ火をたき、餅をあぶって庖丁か鎌で切る。二、三人で引っぱり合って持っているのを切るが、小さく切り分けたのち、庖丁の先につきさし、後にいる人に肩越しに突き出して取らせる。皆で引きちぎって食べることもある。したがって日常はこの行為を忌む[12]。夜、墓前で餅を食べることも、その切り方、食べ方もいかにも異常であって普段は行ないそうもないことである。考えつく限りの異常なやり方をしているかに見える。

後向き、逆さま、右左の左の強調ということは、対象となる物はさまざまであるが、非常に広くかつ多様性をもって見出すことができる。これまでの例にいくつか加えるなら、例えば、長野県上伊那郡美和村では、若い人が死ぬと屋根裏に登って、死者が寝ている前屋根に向かって名を呼ぶが、その際、蓑《みの》をさかさまに着て呼ぶ[13]。長野県では棺の出る所は「不浄門」と言って戸口に青竹で×形をしたものを打ちつけ、その下をくぐるか、あるいは戸がえしといって普段の入口の戸を一枚裏返しに立て、それを少し開けてそこから棺を外へ出す。この際後向きに出す所もある[14]。

死者儀礼と、誕生や結婚に伴う儀礼において共通した、あるいはよく似たものが用いられたり、似た使い方がされることは広くかつ多様に見出せる。火や水が重要な役割を果すことや、衣制において、食制において、共通したものがある。しかし、死者儀礼において、以上の例が示すような「さかさまの強調」はほとんど見られないだけでなく、死者儀礼のように、このさかさまの事柄が繰り返して現われることもない。

つまり、死や誕生や結婚を「通過儀礼」という共通項で括ることも、「ケガレ」の要素を含むものとして、それらからケガレを祓う儀礼を見出すことも可能であるが⒂、このさかさまの強調とでも呼び得る事柄は死の儀礼において著しく、このことは先に述べたように、死が日常普段の出来事とは異なることの認識を示す手段として用いられていると言えよう。なお、通常では決して行なわれそうもないやり方が死者儀礼でとられる例は後の項目で順次記すことにする。

死のケガレと危険——死が招く魔もの

人の死が発生することによって危機的状況が作り出されることはいうまでもない。それは一つには心理的な次元、二つには社会的次元、三つには儀礼的次元における危機である。儀礼的次元における危機的状況は「魔もの」を呼びやすい・招きやすい、「魔もの」に憑かれやすい、という信仰に示される。

死体の上に刃物や光り物を置く風習は広く見られるが、それは死体を猫が飛び越すのを防ぐためだとか、死体を猫が飛び越すと死者が起き上がるので、そうならないよう猫を防ぐために置くなどというが、徳島県麻植《おえ》郡美郷《みさと》村では死者の枕元に刀や刃物を置くのを、はっきりと魔ものの侵入を防ぐ呪《まじな》いであるという。(16)

愛媛県では、墓穴を掘り終わると穴の上に木を渡し苫《とま》を被せておくか、鍬《くわ》を十文字に渡しておく。(17) あるいは笠と蓑とを十文字に掛けておくかする。魔が入ることを恐れてのことという。(18) 山梨県韮崎《にらさき》市では魔除けのために墓地で火を焚く。また掘り終えた穴の上には魔除けのため棒を十字形にして置き、南都留郡山中湖村では墓穴に鎌をつり下げておく。(19)

死体に直接触れる湯灌を行なう人や、墓穴掘りの人々が行なう儀礼は、明らかに魔につけいられないための予防策とでもいえるものであり、死体や墓穴など死の中心的なものが魔を招くという観念があることがわかる。

美郷村では、湯灌の前にそれを行なう人は湯灌酒という冷酒を飲む。また死者の剃髪をする人は口に樒《しきみ》の葉をくわえて行なう。(19) 徳島県三好郡では湯灌酒を飲むと同時に何か食べもする。(20) 愛媛県越智《おち》郡吉海町仁江では墓穴係は掘り終わったあとで一つかみの米を箕《み》に入れてあるのを、その箕の口から食べる。伯方島では必ず食事を用意し、「ツボホリ酒」一升と肴《さかな》として豆腐を墓地へ持って行き、これらは必ず墓地ですっかり食べかつ飲み終わらなければならない[21]。

千葉県市原市では穴掘りがすむと酒一升と豆腐一丁とで「キチョッパラエ」をする。そのあと喪家で風呂に入る。埋葬後もまた風呂に入る。成田市では穴掘り後、その場で酒一升と豆腐一丁と煮物で飲食し、これで身を清めるという[22]。神奈川県三浦市では、湯灌を行なう時親戚の者が裸になり冷酒を飲み、そのあとでは必ず豆腐のヤッコを食べた。座間市では湯灌前に湯灌酒といって冷酒を立ったまま飲んだ[23]。

これらの例が示すことは、死のケガレというものを、何かの汚れ、かなり具体的で即物的な汚れとしてとらえ、以上の儀礼はその汚れを取り除く、落す、払うという意味を持っている。墓掘りのあと風呂に入るなどの事を考え合わせると一層それは明らかである。

一方では、死のケガレとは、危険な状態を作り出す、ひき起すようなものとしても考えられているようで、死体に触れて死のケガレを最も強く浴びる、あるいは一層身近にケガレに接する人は、他の人よりも一層危険な目に遭いやすいと考えられているらしい。口に榁をくわえる、死体に触れる前に酒を飲んでおく例は、何か危険な事を行なうに当っての予防策であろう。

井之口章次はこのような「穴掘り酒」「足洗い酒」「道具洗い」「穴見舞」などとい

われる、墓掘り人に特別に酒食を振舞うことについて次のように言う。

死体の処理はもとはすべて血族の仕事であった。したがって、穴掘り役がいかに割の悪い役であっても特にこのような謝礼を出すいわれはなかったのであるが、それを外部の人の手に委ねるようになってから謝礼として酒食の饗応をともなうようになってきたのである[24]（傍点は波平）。

しかし、この説にはいくつかの矛盾があるように思われる。

(1) 墓掘り人への謝礼ないし慰労の側面は確かにあるが、もしそれだけのものであるなら、葬式のあと、別に喪家から謝礼を持って行けばよいのであって、墓地で飲食させ、しかもそれを全部平らげて帰ることが作法になっていることからして、単なる謝礼ということをはるかに越えている。また、労働が大きかったことに対する振舞いであるとしても、汚れた手足のまま墓地で飲食するというのは納得のゆかないことである。

(2) 墓掘りが必ずしも外部の者でない場合にも振舞い酒は出るし、例にもあげた、湯灌をする親族の者が同じように湯灌の前に酒を飲むことを考えると、この死体と係わる人々の飲食は死のひき起すかも知れない危機的状況と関係があると考えられる。

なお井之口は葬礼と食物との関係に注目し、次のような興味深い例をあげている。長崎県平戸島の早福では、葬列に加わる主婦が球形の握り飯を、臼を伏せた上に置き、それをかかえて墓地まで持って行く。宮城県伊具《いぐ》郡筆甫《ひっぽ》村では死者の枕元に供える一杯飯とは別に、葬列の出発に先立って「荷背負い」と呼ばれる人がゴザに四十九杯の御飯と味噌を包んで墓地まで持って行く。群馬県多野郡では「小荷駄」といい、米と豆とを四十九杯入れた包みを持った人が先発して墓地へ行く。千葉県では葬列出発直前に米麦を寺へ持って行く。

井之口は以上の例をあげたうえで、枕飯にしろ何にしろ、葬式で食物が繰り返し用いられるのは、仏教が忌火に食いまじることを嫌わず、むしろ歓迎する傾向を示したのちに始まったのは明らかであり、日本の宗教がさまざまな宗教の葛藤の歴史であることの一つの証左とすることができると言う(25)。

しかし、この説明もまた納得のゆくものではない。一つには、仏教以前に死者儀礼、特に死が発生してすぐに行なわれる儀礼に食物が重要な役割を果さなかったという証拠はない。

むしろ、宮田登は「神と仏――民俗宗教の基本的理解」の論文の中で、仏教がインドから東アジアへと伝播してゆく過程の中で、東アジアでは盂蘭盆会《うらぼんえ》が盛んになり、中国では三世紀に作られたという「盂蘭盆経」には毎年七月十五日に衆僧達のために「飲食百味・五菓」など百種の供物を盆に盛って献納することを、目連尊者が勧めているが、それは安居《あんご》（夏の雨期の間一定の場所にこもって行なう修行）を終わった直後の空腹な僧のための食物であり、亡霊つまりホトケに対して食物を供えるというように説明されるようになったのは、日本へ入って来てからの民俗との混淆《こんこう》の結果ではないかと述べている。

その仮説はまた、『日本霊異記』上巻三十にある話に、慶雲二年（七〇五）にある人がいったん死んで再生した時語った話には、死者の国で会った自分の父親が七月七日に亡霊となってこの世に戻って来た時大変飢えていて、門口、家内に供養された食物を食べたとある。寺院では、七月十五日の行事を中国から取り入れたのであるが、それとは別に、七月七日の「七日盆」が民間にあり、それは訪れる飢えた亡霊に食物を供養し、十五日には寺へ参るということではなかったかと推測している[26]（傍点は波平）。

二つには、忌火を嫌わないということだけでは、葬式の際これほど食物が繰り返してさまざまの形を用いて儀礼に現われてくることの理由を説明し得ない。また「忌火を嫌わない」ということが具体的には何を指すかは明らかでないが、かまどは日常用いるものを使わず別に臨時のものを作る所は多いし、葬式後の忌明けに、かまどの灰をすべて取り替える。あるいは年中保っている火種をいったん消して、新しい火をもらってきてつけるなどの習俗は広く見られるのであって、これは「忌火」、つまり死のケガレのかかった火は日常のものと分ける、つまり忌火を意識しての行為ではなかろうか。

あるいは、忌明けのすんでない人の家へ他人が訪れても飲物食物を出さないし食べない。あるいは忌明けの終わらない人が訪れても飲物食物を出さないし受けないなどの習俗も見られ、「食いまじり」を忌む傾向は充分に見られる。

一方では、実際には食べることのない死人に、取るものも取りあえず一杯飯や団子を供えたり、死の知らせを行なう者は高盛飯や握り飯を持ちまわり、知らせを受ける人は必ずそれを一口ずつでも食べなければならない。

また先述のように、死体に直接係わる湯灌をする人や棺担ぎ人や墓穴掘りは他の会葬者より余分に酒や食物を口にすること、井之口自身があげているようにわざわざ墓地に食物を持って行くこと、あるいは墓地から帰ってすぐに、家へ入る前に食物を口にすることなどは、「死と係わってけがれた火によって調理された食物を口にすることを忌まない」などということをはるかに越えており、むしろ食物が非常に積極的に死と係わっていると言えよう。

清め――ケガレに対抗する防衛力

なお『令集解《りょうのしゅうげ》』(27)には、遊部《あそびべ》についての記事の中に次のような内容が見出せる。天皇が死亡した時には比自支和気《ひじきわけ》などが殯所《もがりどころ》へ行って供奉《ぐぶ》する。したがって、その氏の二人を名づけて禰義《ねぎ》・余比《よひ》という。禰義は刀を負い、戈を持ち、余比は酒食を持ち、刀を負い、ともに内へ入って供奉するという。つまり、ここでは武具と酒食が出てくるのであり、興味深い。うがった見方をすれば、死体の側にある者は、死体とともに自らを保護して、魔ものにつけ入られない予防策として、武具（金属）と食物を身に付け、ないし飲食して、自らを防衛して魔に対抗しようというのであろう。現在、死体が納棺される前、納棺されても火葬されたり埋葬される直前まで、その上に刀や鎌を置くことを「魔を防ぐ」というのは、長い歴史を持つ習俗と言えるのかも知れない。

　自明のことのように取り扱われる死のケガレなり不浄の意味を考え直すに当って、さらに参考となる次のような習俗がある。つまり、死体に触れたり、死に係わった後にその場や物を清めるのではなく、それ以前に清めを行なう例が数多く見出されることである。

山梨県の南・北都留の両郡では、穴掘りに先立って、墓地を酒や塩で清める。清めの酒を「穴掘り酒」とか「地割り酒」という。[28]

松山光秀の「徳之島の葬制」によると次のような例も見られる。棺ができ上がると、大工の棟梁は酒と塩とでそれを清め、「フナマツイ（舟祀り）」の呪文を唱えたし、[29]「ウサギベン」という棺担ぎ人は白布で鉢巻きをし、左綱でたすきをかけて装いを整え、「塩と酒をいただいて身を浄める」と、葬列が出発した。[30] 伊仙では葬列の先頭に、塩と煎り豆を撒《ま》いて道を清める人が先に立ち、葬列がそのあとに続く。[31] 徳和瀬では、棺を穴の中へ入れる時には、神官が先に穴の中に酒を注いでまず清めるし、伊仙や西阿木名では穴を木の青枝で祓ってから入れ、さらに、埋め土を入れ、棺が隠れようとする時になると、神官が清めの酒を棺に注ぎ、最後の清めをする。[32]

大工の「フナマツイ」は、船の進水式と同じく、木を用いて製造したものから山の神あるいは木霊を取り除く儀礼の意味も含まれているかと考えられる。しかし、残りの例はいずれも、「清め」というものが消極的な清めと、積極的な清め（ないし祓い）があるとする説（第一章参照のこと）を受け入れるなら、むしろ第二の積極的清めの儀礼であると言える。

ただしそれは、吉祥・招福を求めての、祭りにおける積極的清めないし祓いというものではなく、死によってもたらされた不安定で危機的状況が、より多くの不運を招かないために行なわれる。つまり、魔的なものにつけ入られないように、予防ないし防衛として行なわれるものであると言える。

このように、死者儀礼における清めや祓いの儀礼の多くは、死によって生じたケガレが残らないように、拡散しないようにと行なわれるものである。そして、そのケガレはあたかも物理的な汚れであり、それを洗い落すかのような作用を、清めないし祓いの儀礼は持っている。

それに対し、これまで例をあげて示した「清め」（報告者達の用いた言葉）は、付着したケガレを払い落し、洗い去り、取り除くかのような清め、祓いではない。たとえて言うなら、魔に対抗するために、あらかじめ力を注ぎ、身体や霊を強化しておこうとするかのような「清め」である。

このことから次のことが結論できよう。

(1) 死のケガレの意味するものには、魔につけ入られやすい状況、危機的で不安定な状況がある。

(2) そのような状況は初めの死とは別の、新たな不幸や不運を招きやすいもので、それを「魔」という民俗的表現で示している。

(3) 清め・祓いの儀礼には、単に不浄を取り去り、それが生じる以前の状態に戻すという意味だけではなく、新たな「力」を加えるという意味もある。

(4) 「力」を与える儀礼的手段として食物（酒を含む）が重要視される。

(5) 後で述べるように火もまた、「力」を与える手段として用いられる。

次の例は以上述べたことを明白に示す興味深い儀礼である。

徳之島徳和瀬では葬式のあとに行なわれるミキャミの儀礼で、暗くなってから、棺を担いだ人と同じ人が「シキャッタ」というものを二人で道の辻に捨てに行く。シキャッタというのは、わらつとの中に湯灌（ユアミ）の時に使った杓子と遺体に用いた箸（汚物をつまんだ箸か）、いろり（ジル）の灰、握り飯とを入れて綱で縛り、それを丸太棒に結び付けたもので、「フドンガナシ」（神官）に作ってもらうのである。シキャッタを辻に捨てるのは、それを、さまよう誰かの生きマブイ（生霊）に食べさせ、その生きマブイに死のケガレを拾わせるためである。そこで、ムラの人々は葬式と関係のない家であっても、シキャッタを捨てる頃には御飯を食べ空腹感をなくした。それは、自分のマブイがさまよい出て、シキャッタの握り飯を食べに行かないた

めだという。(33)

死のケガレと飢餓

ところで、死者儀礼において繰り返して食物が用いられることをどのように解釈できるのであろうか。

死者儀礼において用いられる食物は、同一の意味や同一の目的に用いられているのではなく、次のようにいくつかに分けられる。

(1) 儀礼の対象となっている死者に対して供えられる一杯飯、枕飯、枕団子などと呼ばれるもの、忌明けまで毎日墓や仏壇に供えられる水や食物、埋葬のあと墓地で供えられる食物、したがって葬列の中の人が墓地まで持ち運ぶ食物などは死者のためのものである。葬列が出発する前にあらかじめ墓地に届けられる食物や、その日の内ではあるが、葬列が戻ってのちに届けられる食物などは別の目的も考えられるが、一つには死者のための食物である。

(2) 死者儀礼の直接対象になっている死者以外の死者の霊、つまり亡霊とか無縁仏などと呼ばれる、正体ははっきりとはわからないが、その辺をウロウロしていて、定着する場所のない、成仏しない不安定な死者の霊のために、食物が供えられる。

(3)　例は多くないが、先の徳和瀬のシキャッタのように、生霊に与えられるものもある。

(4)　死者儀礼に直接係わる人々が儀礼に携わる前、あるいはその前半で食べる食物がある。死者が出たことを知らせてまわる人が持って行く飯、湯灌をする人や墓穴を掘る人、棺を担ぐ人、葬式を行なう僧侶が喪家へ出かける前に与えられる酒や米などはこれに当る。

(5)　儀礼が終わったあと、儀礼に参加した人々が供される酒や餅や握り飯その他の料理がある。墓掘り人が掘り終わったあと、湯灌をする人がそれをし終わったあとで供される酒食、埋葬が終わったあと墓地で供される握り飯や酒、埋葬後会葬者が喪家へ戻ってきて、その入口で供される餅や握り飯、喪家で供される酒食などはこれに当る。

死者や死霊が空腹であるという表現はそれほど多く見出せないが、喉が渇いているという考え方は広く見出せ、死に水を臨終の者にとらせるのは、死にかけている人間は喉が渇くものだという表現をしてその習俗を説明する。死に水には別の意味もあろうが、背後には死者はあるいは死霊は常に何かを求める状態にあり、生き残っている者はその欲求を満たす義務がある。死者儀礼とは、一つにはその欲求を充分にかなえてやるものなのだという考えが存在しているように思われる。「餓鬼《がき》」と呼ばれる供養者のない亡霊だけでなく、死んだばかりの霊もまた、とりわけて空腹であるという考え方が種々の儀礼から見てとることができる。

枕飯は「とるものもとりあえず」炊かなければならない。団子はゆでずに生《なま》のまま供えなければならない。先に述べた例のように、玄米のままで、白く搗《つ》かず、洗わず粉にしなければならないなどという。粉にするのに米を搗かず、洗わず、というのは通常のやり方とは異なる食物であることを強調してもいるが、同時にまた、非常に急ぐ状態を表わしてもいる。枕飯を急いで炊く理由の説明として、死んだ人は善光寺へその旨を知らせに行き、死出の旅の手形をもらわなければならない。枕飯は善光寺へ行くための弁当であるから急いで炊くのだ、などという。

先に述べた、死を異常な出来事、日常普段のこととは決して間違えようもないくらい特別な出来事であるという認識は、枕飯や枕団子の作り方にも表われている。

茨城県高萩地方では、普段使用しない鍋に一合の米をとがずに入れ、それを軒下に綱で吊した形で煮る。(34) この煮炊きの役は老女の役割で、燃料は棺や葬具を作る際に出るカンナクズを用いる。埼玉県では、死者の枕団子は玄米をそのままひいて白くない団子を供える。坂戸市では特に、搗かない「キゴメ」を近所の女が二人で向かい合い、逆さ臼でひいて作る。(35) 名栗村（入間《いるま》郡）では通常のかまどは使わず、外に三本の木を三つ股に組んで立て、鍋を吊して炊く。入間市では、梯子を家の内へ入れ、それに鍋を縄でぶらさげて炊く(36)。

忌明けまでの死者の霊はそれ以降に比べてより喉が渇いている、あるいは空腹だという認識がある。四十九日間、死者の着物を掛けて、乾く間もないほど水をかける。仏壇の水を一日に何回も取り替えるなどは広く見られる。茨城県の県南や西部では、死後三十五日目に墓参りをするが、その時草鞋の底にぼた餅やおはぎを塗り付け、それを竹の先端に結び付けて墓の側に立てる。また、米を白紙に包んで墓所の立木に結び付ける(37)。

死者は渇いているとか飢えているという表現は、死者の「満たされていない」状態の直接的な表現である。そして、死者儀礼とは、取りも直さず、その満たされていない状態を癒してやり、不満を解消させることを目的としていると言うことができようか。そしてまた、満たされない状態とは不安定な状態とも言えよう。

次に、死体に直接触れたり、死体を埋葬する墓穴を掘る人が、あらかじめ酒食をとることについては、先に、次の段階で起るかもしれない危険な状態に対する予防策であると述べたが、それは以下のように言い換えることもできる。

死のケガレとは、不安定で満たされない、欠乏した状態で、死者ではそれが最も著しい。その状態はまた、死者に触れる者にも伝わるのであり、死体に触れる者があらかじめ酒や食物を口に入れ、「満たされた」状態にしておくのは、そういう「満たされた」状態にあれば、「魔につかれる」というようなこともなく、危険な状態を無事に抜け出ることができるのだという考えに支えられているのだと、これらの習俗を説明できる。

徳之島徳和瀬で、シキャッタを捨てに行く時刻には、ムラの人々が自分の霊がそれを食べに行かぬよう、食事をして腹を満たすというのは、この考え方と同様の信仰に基づいているであろう。

つまり、空腹な者の霊は不安定であり、不安定な状態を安定した状態に戻すには食物の力によって戻すし、また、腹一杯の状態はより安定しており、安定した状態であればこそ危険なことを行なえるというのである。

葬列が出る前、出棺前に、遺族のみが食事をすることを「ワカレメシ」などと呼んで、死者との最後の共食であるとする考え方は広く見られる。このワカレメシは一方では、ケガレが強くかかる家族が埋葬を行なう前に「満たされた」状態になるためのものとも考えられる。

死者と家族の別れの食事もまた、日常の作法とは異なることが多い。高知県安芸《あき》郡北川村では、子や孫が片膝を立てて向かい合い、塩のみで一膳飯を食べる所作をし、終わると膳を足で蹴った(38)。愛媛県の伊予三島市では、棺を担ぐ人も出棺前に食事をするが、それは一本箸で食べて、食べ終わるとそれを後へ投げとばした(39)。

なお、かつて山で遺族やムラの人々が死体を火葬にすることもあったが、その際、焼きかたに就く人には同様の習俗があったのではないかと推測するのであるが、不勉強にしてそれらの報告を見出すことができなかった。お教えいただければ幸いである。

埋葬から帰ってから食物を口にする所は多く、その方法もさまざまである。千葉県成田市では、埋葬から帰ると「キッチョウバライ」をするが、目籠をさかさに置き、その上に膳を置いてカツオブシと塩を置く。まずカツオブシと塩とを手に付けてから水で洗い、そのあとで僧が作った「アトバライ」と書いた幣束《へいそく》を振る。手賀沼周辺では臼をねかした形にして、上部を北向きにし、それにカツオブシと塩とを置き、それで手を洗う。臼をさかさにする所もある(40)。

青梅市では埋葬から帰ってすぐ行なう儀礼を「マスのヒッタ」といい、一升枡の前に紙をかけ、その紙に臼の絵を描き、枡の上に塩を入れた皿をのせ、塩と水とで手を清め、一升枡の底で切った指先ぐらいの餅を食べてから家へ入る。同じ市内の別の場所では、家に帰ると塩を撒き、参列者全員に枡の底に団子を小さく切ったものを置き、塩を付けて食べさせる。(41)

成田市の例は、喪家の入口で物を食べることはしないが、以上の例では共通して枡と臼が使われることが注目される。先にあげた青森県野辺地では埋葬から帰ると臼の上に腰かけて足を洗ったという。臼や枡、時には箕が使われることは広く見られ、それには次のような意味があるのではないか。

つまり、いずれも食物と直接係わる道具であり、たとえそれが臼の絵であっても、それに腰かけることによって、食物を口に入れるのと同じ効果があると考える信仰があるのではないかということである。

会葬者が遺族も含めて、死者儀礼に際して一緒に、それも終わりの段階で食事をすることは「オトキ」などと言い、今日都市でも広く見出せる習俗である。この最終段階での食事の儀礼的意味は少なくとも三つあると考えられる。

一つには、枡や臼や箕が呪物として用いられることでも明らかなように、食物が持つ力によって、ケガレのかかった人々、つまり満たされない、欠乏した状態に陥った人々を元のように満たされた状態に戻してやろう、また、そうしなければ不安定で危険に遭いやすい状態のまま置かれるという考え方である。

食物あるいは食物と関係のある道具によって死のケガレを祓う対象は人間に限られない。埼玉県の朝霞《あさか》では火や鍋は通常のものを使って枕飯を作るが、そのあとかまどを清める。一升枡の中に米を一杯入れて盆の上に伏せる。伏せた枡の上には塩をのせ、それをかまどまで持って行き、塩をかまどに撒く。[42]直接撒かれるのは塩であるが、この例では、米・枡・盆が重要な役割をしている。

入間市では葬式用の煮炊きに使った残りの薪や灰は桟俵にのせて四つ辻に捨てる。[43]神奈川県中郡大磯町では、死人が出ると大神宮（神棚）に半紙を貼るが、その同じ人が、囲炉裏の四隅からしゃもじで灰を取り、それと出棺の送り火の時燃したわら灰を盆か膳にのせ、道祖神へ持って行って供える。

厚木市では、入口にわら草履《ぞうり》の鼻緒を切って片方ぬぎ捨て、それに葬式用の煮炊きした灰と、料理に使ったしゃもじを立てる。足柄上郡中井町では、かまどの三方から取った灰を盆に盛り、大役（墓穴掘り人か、もしくは棺かつぎ人か）およびクミ一同の人々を祓い、喪家の各部屋から土間までを祓い、盆とお祓い（幣束のことか）を辻に納める。[44]

これらの儀礼によって、かまどや囲炉裏、あるいはその家の火そのもの、最後の例は家屋や人間も含めてケガレを祓うというのである。これらの儀礼では灰もまた重要であるが、それについては後述する。

つまり、食物はそれ自体はもちろん、食物を象徴するような道具（それらはまた、呪的な道具としてさまざまな使われ方をしてもいるが）さえも、ケガレを祓う力を持つ。ここで食物の祓いの機能の第二の面が出て来る。

つまり、第一が食物でケガレの状態にある人や物を「満たして」やることによって原状に戻すとすれば、二には、食物ないし食物をシンボライズした物にケガレの状態を付着させて捨て去ることによって、それらの物や人をケガレのない状態に戻そうとする面である。

茨城県南・西部の例で、先述のように忌明けに草鞋の底にぼた餅などを塗り付けて墓の側に立てるのは、死者への供養と受け取られているが、同時にまた、死のケガレをそれに付けて墓地へ捨て去る、あるいはそれ以降はケガレを墓地のみに封じ込めることの儀礼とも解釈できる。なぜなら、死者への供物とするには、あまりに風変りで無様《ぶざま》な供え方である。

上井久義の「女性司祭の伝統[45]」によると、新嘗祭のあとの行事として十二月に入ると「神今食《じんこんじき》」の行事がある。その際贖物《あがもの》が出されるが、それは御飯であり、最初その一部を「アマガツ」と呼ばれるかわらけに移し、それをアガチコという巫女が処理する。アマガツは祓いの意味を持つもので、けがれや災厄をひき起す疫神を移す依代《よりしろ》としての人形のことでもある。[46]

第三には、通過儀礼に頻繁に見られる、ある段階から次の段階へと、人や物や状況を移行させる力としての食物である。それに係わる人が食物を口にすることによって、例えば直会《なおらい》であれば、ハレの状況からケの状況へ移ることができる。また、神まいりからムラへ帰った人は、「ハバキヌギ」などの儀礼における会食によって、ハレの状況からケの状況へ、ないしはムラの外の世界から内の世界へ戻ることができる。

死者儀礼、特に葬式に限らず、儀礼に係わった人々が飲食するのは、それによってケからケガレへ、またケガレからケの状況へと移行するのである。死者の出たことを知らせる使いが握り飯を持って行き、知らせを受ける人に食べさせるのも、一つには先述のように、食物の力によって魔を除けるとともに、それを口にすることによりケから死のケガレの状態へ移行するわけである。

後述する、イザナミが黄泉国《よみのくに》へ行き、夫が訪ねてくれたものの、ヨモツヘグヒをしたので元の国へと戻れないかも知れないと言って悔しがる箇所がある。このヨモツへグヒとは、ともに同じ物を食べることによって同じ集団に属するという意味もあろうが、生者の国から黄泉国へ移ったことを確認するための食事をすませてしまったので、自分の死はより確定的になってしまったと悔しがったとも解釈できる。

イザナギの黄泉国訪問と死のケガレ

そこで振り返って、仲松弥秀が取り上げた、イザナギがその妻イザナミを追って黄泉国を訪れた話をまとめてみよう。

(1) イザナミが死んで黄泉国へ行ったのを追ってイザナギも黄泉国へ行く。するとイザナミは「悔しいことよ、もっと早く来て欲しかった。私は黄泉戸喫《よもつへぐひ》をしてしまった。しかしせっかく愛しい貴男が来て下さったのだから私は帰ろうと思う。黄泉神《よもつかみ》と談判してみましょう。(その間)どうぞ私を見ないで下さい」と言う。

(2) ところがイザナギはその約束を破って妻の姿を見てしまう。その姿は、ウジが重なりあった状態でたかり、頭、胸、腹、陰《ほと》、左右の手、左右の足それぞれに雷《いかづち》の神が生じていた。それを見て恐れをなしたイザナギは逃げ帰ろうとした。

(3) 「恥をかかされた」と怒ったイザナミはヨモツシコメを遣してイザナギを追わ

せた。岩波日本古典文学大系『古事記・祝詞』中の倉野憲司の校注によれば、ヨモツシコメは黄泉国の厭わしい女の意味で、死の穢れの擬人化であるという。イザナギは逃げながら次々と食物を投げ捨て、ヨモツシコメがそれを拾って食べているすきに逃げた。イザナミはさらに、その死体から生じた八雷神と千五百の黄《よも》泉軍《ついくさ》とで追わせたが、桃の実を投げつけて追い返した。その途中では、身に帯びていた剣を抜いて後手に振りながら逃げた。

(4)　投げつけた桃の実は三つで、それは黄泉比良《よもつひら》坂《さか》の坂本になっていた実であり、イザナギはその桃の実に、「お前は私を助けてくれたように、葦原中国《あしはらのなかつくに》に住む人間が、苦しい目に遭って患《うれ》い悩《なや》む時助けよ」と言った。

(5)　最後にその妻であるイザナミが自ら追いかけて来たので、千《ち》引《びき》の石《いは》を黄泉比良坂に引いて塞いだうえで、妻との縁を切る旨申し渡した。なお、『日本書紀』によれば、この石をはさんでイザナミに「これより来るな」と言い、身に着けたものを次々と投げ捨てたとある。

(6)　次にイザナギは「私は伊那志許米志許米岐《いなしこめしこめき》穢き国にいた。それゆえ、私は御身《みみ》の禊《みそぎ》をしよう」と言い、禊祓いをする。その際、身に着けた杖や衣類その他をすべて投げ捨てる。

⑺　そのうえで海水中にもぐって身をすすぎ、その際次のような神々が生じる。

第一段階

八《や》十《そ》禍津《まがつ》日神《ひのかみ》、大禍津《おほまがつ》日神《ひのかみ》（これらの神は、その穢繁国《けがらはしきくに》に行った時の汚垢《けがれ》によって成れる神である）。

第二段階

神直毘神《かむなほびのかみ》、大直毘神《おほなほびのかみ》、伊《い》豆《づ》能《の》売神《めのかみ》（これらの神はその禍を直そうとして成れる神である）。

第三段階では海水の底で身をすすぎ、その結果次の神が生じる。

底津《そこつ》綿津《わたつ》見神《みのかみ》、底筒之《そこつつの》男命《をのみこと》

第四段階では海中のすすぎによって、次の神が生じる。

中津綿津見神、中筒之男命

第五段階として海水の上ですすぐと、次の神が生じる。

上津綿津見神、上筒之男命

これらの神々のうち綿津見神はその子孫が阿曇連《あづみのむらじ》となり、筒之男命は摂津の住吉神社の祭神となる。

最終段階において、

天照大御神《あまてらすおほみかみ》、月読命《つくよみのみこと》、建速須佐之男命《たけはやすさのをのみこと》の三柱の神が生じる。これらの神は、イザナギを大いに喜ばせ、「三はしらの貴き子を得つ」と言わしめたのである。

イザナギの黄泉国訪問から、身の禊に至るまでの物語を見る限りでは、仲松弥秀の「死のケガレ観がそこには存在しない」という主張に私は納得ができない。むしろ、今日民間信仰において見出される死に伴うほとんどの観念との類似を見ることができるように思う。以下、それぞれについて検討してみる。

㈠　人の死は一瞬の内に決定的となるものではなく、むしろ「段階的」に確認されてゆくような面がある。それは医学の力を大きく認める今日においても、脳死による段階で死を決定的とするのかそれとも心臓死の段階で決定的とするかの医学的かつ社会的な論争の中にも存在する。「タマヨバイ」とか「ヨビカエシ」と呼ばれる、人が死んだと思われる状況になると、家族が屋根に登り、その人の名を大声で呼ぶ習俗がある。これについて、これまで多くはそれが死んだ人への思慕の表現、死者を惜しむ表現として説いてきたが、一面には確かにその意味があることを認めるが、他方では「死者の名をこれほど大声で呼び続けたが、それでも霊魂は戻って来なかった」という死の確認の手段でもあると思う。そして、この儀礼が終わるといよいよ葬式の準備が始まるのである。

また、葬式の準備が整わない内は、死を決定的なものと認めない傾向もある。先に述べた、枕飯ができ上がるまで、死者は善光寺へ行っている（徳島県相生町）とか、枕飯を持って善光寺まで死出の旅の手形をもらいに行くという説明は、つまりは死者の霊が善光寺へ行って戻って来るまでは本当に死んだことにはならないということである。徳島県麻植郡美郷村では、死亡しても近親者が集まるまでは病人扱いで、先にやって来た人は「死んだ」「亡くなった」とは言わず、「何々さんもようなかった（良くなかった）そうで」「病みつめましたそうで」「お年がよりなしたそうで」などと言う。近親者が続々と集まると、死体を別の間に移して北向きに寝かせ、これより後は死者として扱う。(47)

イザナミは、夫が訪れてくれたので生者の国へ戻りたいと思い、すでにヨモツヘグヒをしてしまったが、何とか談判して戻ろうとするのである。つまり、場合によっては戻ることもあり得るというわけで、死は段階的なのである。

(二)　その死が決定的となるのは、何と言っても死体の腐敗が始まることであり、イザナミが夫の元へ戻れなくなったのは、イザナギが妻の体が腐っているのを見たことによるのである。これは、「見るな」という禁忌を破ったため、イザナミは戻れなくなったという解釈もできるが、また、腐敗した人間は決して生き返ることはないということを示している。

かつて沖縄で行なわれていたという、古代の殯《もがり》を思わせる儀礼は、タマヨバイと同じく、死者への追慕の儀礼であると同時に、死体の腐敗を確認し、生き返ることがないかと監視するための儀礼とも考えられはしないか。

㈢　黄泉国が死の国であり、それがケガレの国ではない、ということはどうしても納得できない。イザナギは祓をする時「私はイナシコメシコメキ穢き国にいた」と述べている。書紀では、それを「不《イ》須《ナ》也凶目《シコメキ》汚穢《キタナキ》」と言っており、ケガレの一要素として「汚い」という状況や感覚を認めるならば、黄泉国はケガレの国である。イザナギを追いかけるヨモツシコメは書紀では「泉津醜女」とあり、黄泉国の汚なさ、醜さを示すものである。

また、死者の国の者は食物に強い執着を示すことも記されている。死者の国の者はまた、剣（武具、刃物）や桃の実に対して抵抗できない、あるいは、それらの物が死の国のいとわしい存在に対して防御できる強い呪力を持つことも示されている。

これまで述べたように、死者儀礼において、死者へ食物の供物が頻繁に見られること、枕飯のように、取るものも取りあえず、何よりも食物を死者に供えようとする習俗は、死者は飢えている、あるいは食物を与えないと醜い形となって生き返るとの信仰があるのではないか。桃の実はともかく、刃物が呪物として用いられているのはこれまで示した通りである。今日死体の上や墓で用いられる刃物は、死者に魔ものがとりつかないようにと説明されるが、神話では、死者から生者（イザナギ）が身を護るために使われている。

　ところで、その死者とは生者に仇《あだ》をなす存在である。神話に示されるような観念が今日の習俗にないであろうか。死体に魔が入る、「カシャ」が入るというのは何を意味するのか。

　四国では「カシャ」とは猫の霊だというが、私どもが調査[48]した熊本県天草郡では雷[49]であるという。「カシャ」は仏語の「火車」から来たのであろうが、「死体に魔が入るのを防ぐ」とは、言い換えれば、「魔が入った死体は生者にとって邪悪な存在となるので、魔が入らないように刃物を置いて防ぐ」ということであるかも知れない。

(四)　妻が恋しくて死者の国まで追って行ったイザナギではあったが、その死が決定的となり、妻がすっかり死者の国の住人となったことがわかってからは、塞ぎの石を置き「これよりは来るな」と命じる。

人の死を悲しみ生き返って欲しいと願う一方で、生き返られては困るという観念もある。死体の上にまた、棺の上に刃物を置くことを死者が生き返らぬためと説明することもある。葬列が、行きと戻りに異なる道をたどるのは、死者の霊が葬列について家に戻らぬためという。福島県会津地方では、埋葬した死体の頭の所に三本の木を組み、それから頭大の石をワラ縄で吊す。これを魔除けといっているが死者が生き返らないための呪術とも考えられる（波平の調査による）。

徳島県美馬《みま》郡木屋平《こやだいら》村では、埋葬がすんで帰る頃、軒端の所に唐鍬の上に小箕《こみ》を伏せておき、棺を担いだ人が帰り、頬かむりして「今宵一夜の宿借り申す」と言う。すると別の一人が同じく頬かむりして斧を持ち、「人道《ひとみち》切れた者には宿ならん」と言って、土足のまま帳場から玄関、土間の順に左回りに最初の一人を追いまわし、庭に追い出してから小箕を蹴って改めて家に入る。[50]

香川県の本島《ほんじま》では、墓地に着くと読経が行なわれている間に講組の人が、炒った大豆を持って浜へ下りて行き、「イリマメに花が咲いたら戻っておいで。生えなんだら戻るな」と唱え言《ごと》を言いつつ豆を埋める。[51] 炒った大豆を使うのは奄美諸島で行なわれる四十九日目（それより早く、七日目に行なわれることもある）の「マブイワージ」（魂を渡すの意で、死者との別れ）の行事でも見られる。同じく、生き返らないようにとの呪法である。

死の国と生者の国とは画然と分けられねばならないし、死者が生者の世界に交り込むことがあってはならないとの観念が以上の例では明白である。同じく古事記に、天照大御神が天若日子《あめのわかひこ》を葦原中国に遣わしたが、天佐具売《あめのさぐめ》の言葉にまどわされて、天照が遣わした雉《きじ》を射殺し、そのため天照によって殺される話がある。

その死を葬い殯をしている時に、友人である阿遅志貴高日子根神《あぢしきたかひこねのかみ》が来て喪を弔おうとするが、その姿形があまりに天若日子に似ているので、父や母は「我が子は死ななかったのか」とその身体にとりすがった。そこで阿遅志貴高日子根神は「なにゆえ私を穢き死人に比べるのだ」と大いに怒り、剣を抜いてその喪屋を切り伏せ、足で蹴り放った。この大いなる怒りは、単に「穢い死人」と見間違われただけでなく、死者と生者の世界が交叉したことに対する恐れが基本にあるのであろう。

この話は『日本書紀』においてはもっと明白で、味耜高彦根神《あぢすきたかひこねのかみ》は怒って、その帯びていた「大葉《おほは》刈《がり》（大きな刃の刀）」を抜いて喪屋を切り伏せた。それ以降、人々は「生《いけるひと》を以て死《しにたるひと》に誤つことを悪《い》む」ようになったとしている。この話においてもまた、刃物が生者と死者とを厳格に引き分ける物として使われている。

㈤　死者の国から戻ったイザナギが次のように禊をする。①身に着けた物をすべて捨てる、②海中に潜って、海底、海中、海上の順において身をすすぐ。今日の習俗においても、埋葬から帰っての清めは、一回きりということはほとんどなく、数回にわたって行なわれる。

例えば、墓地、途中の海岸、喪家の入口、喪家の中など何段階でも行なわれる。それは、単に頻度の問題ではなく、場所を移して次々と行なわれる。長崎県の離島壱岐島勝本浦では、墓地（崖の中腹）、崖と平地の入口に建っているお堂、海岸の三ヵ所で、つまり海岸から遠い所（ないし高い所）から海岸（高度の低い所）へ移動しながら三度「キヨメバライ」を行なう。

死のケガレはその度合いや量が計れるものであるかのように考えられていることは、次で述べるように、イザナギの禊の最初には穢れた神が生じ、次第に清らかな神が生じ、最後に貴い御子である天照、月読、須佐之男が生じるという話にも示されている。勝本浦の場合、遺族以外は海岸でのキヨメバライがすめば出漁できる。

また、死者との関係で、それが近い者にはより強い、より多くのケガレがかかっており、したがってその祓いも念の入ったものでなければケガレは祓えないという考え方もある。

四国の丸亀市本島では、野辺の送りをすまして喪家へ帰ってくると、肉親、身内、同行衆のために洗面器に水をたたえ、塩を備えて不浄を祓い清める。同行衆は塩と水とで清めるだけであるが、主な身内は青竹で作った馬（三十センチ位の高さの、青竹を切ったものを馬の形にワラで結び組み合わせたものである）をまたいで家に入る。枕着物を持った人は、青竹の馬をまたいでから箕の中の米粒を取り、かみ、塩祓いをする。(52)

㈥　イザナギがケガレの強い段階で、すすぎによって生じた神はいずれも禍事《まがごと》と関係のある神、禍事を生じしめる神である。やや清められて生じた神は、その禍事を直し、良くしようとする神である。次には海を司る神、海での安全を守る神である。そして最後には貴い三柱の天津神が誕生する。

つまり、禊は、それがより多くより念入りに行なわれることによってその対象となる人や物のケガレを祓い、不幸・不運・邪悪を取り去る消極的な行為から安全や幸運や豊穣をもたらす積極的な行為へと、行為の目的も効果も変ってくるのである。ここにはケガレを祓う禊祓と神ごとに係わる禊祓の関係がすでに示されている。

また、死のケガレが新たな禍事を生じさせる、禍事と深く係わるという考えも示されている。「ケガレがかかる」とは具体的に何を指すかを示す例がある。

神奈川県津久井郡では、死者があった年には、その家の人は養蚕の期間中は遠慮して他家の蚕室へは入らないようにした。なぜなら、もし入ると蚕が死ぬことがあるといって非常に嫌われたからだ。また、自分の家で蚕を養っても、その一年間は桑葉をムラ内では買わず、他のムラへ行って買った(53)。

徳之島では臨終が近づくと、屋内に置いてある農作物の種子を他の建物へ移しかえる。「種子に死に目に会わせるとクマリ（籠り）になる」といっている。クマリとは、播種した場合発芽しても豊作にならない現象をいう。病気が重く、助かりそうもないと家の者が判断すると、一週間位前から種子の移しかえを行なう(54)。

イザナギが、自分を助けてくれた桃の実に、これよりあとはうれい、苦しみ、なやむ人間を助けよ、と命じるが、この言葉にはすでに死のケガレが人間の不幸や苦しみ、つまりは禍事を生じさせる原因となるという考えが示されている。

以上、ややくだくだしく述べたのであるが、日本文化における死のケガレの変遷過程の詳細を知ることは、私には力が及ばずできないが、少なくとも、記紀に示されている死のケガレ観は、今日の民俗の中に共通して見出せるものであることを指摘しておきたい。

松平斉光は『祭──本質と諸相』において、穢れの観念とは「神の嫌う所を総括したもの」と定義している。(55) 葬式は神ごととは対立するものという考えは葬式の際の次のような習俗に示されている。

神奈川県津久井郡では死人が出るとただちに神棚に白紙を貼るか、笹葉の付いた竹の枝をあげておく。(56) なお、その白紙には「閉」の字を書いておく。

愛媛県一帯では神棚に白紙を垂らす。これを「オソレをする」という。床の間、玄関にも貼る。半紙一枚を垂らす所もあれば、五センチ幅位に切って用いる所もある。貼る時に糊を用いず水で貼り付ける。越智郡では「神の戸を閉める」「神棚に封をする」と言い、宮窪町ではワラを十文字に結んだものを神棚に置く。東宇和郡城川町では「顔かくし」、南宇和郡西海町では「カミヨケ」、上浮穴《かみうけな》郡小田町では「ヒガワリ」と呼んでいる。

山梨県韮崎市では、神棚に白紙を貼るか青木の枝で覆いをする。北都留郡丹波山村では、神棚を裏返しにし、ヒジロ（囲炉裏）の荒神さまには白紙を貼る。(57)

神から、死に係わる事柄を遠ざけるという考えは、宮座における頭屋が、家に死人が出た場合辞退するとか、壱岐島の勝本浦の例のように、祭りで重要な役割をする家は過去三年間服喪の経験のない者でなければならないなどの規定があることからも知られる。また、服喪中（死の発生からの期間はさまざまであるが）の者は祭りの見物さえ遠慮するとか、囃子《はやし》や神楽《かぐら》などが各戸をまわって家の祓いと祝福をする場合も服喪中の家は除くなどのことが見られる。

愛媛県八幡浜市向灘では、「デビト」と言ってブク（死忌み）のある家は氏神の厳島神社の祭礼が来ると、前日から家族中が船で沖合いに出て、氏神の領域から離れて一夜物忌みをする風習があった[58]。

富士北麓の山中湖村や忍野《おしの》村では、村祭りの朝、テマ（忌み）の者は夜具を持って、村で臨時に設けたテマ小屋に身を隠し、次の日御輿の帰るまでの夜の十時頃に至るまで、忌みごもりをしなければならなかった[59]。

神ごとから、ないしはハレの状況から死に係わることを遠ざけるという考えは古くから見られる。それが、いわゆる天皇家を中核とする支配者の原理であり、それが宮中での祭儀に端的に現われており、次第に支配権の拡大・確立に伴って民間信仰の中に浸透していったのだという説がある[60]。このような説についての私見は第一章で述べた。なお本節では、神と死のケガレの対立が古代においてどのようにとらえられていたのかを、岡田重精の研究によって述べてみる。

岡田は『古代の斎忌（イミ）』（一九八二年刊）の中で次のように論じている。宮廷や各国、各地方での祭祀を行なうに当っては「斎戒」を行なうことが大宝令・神祇巻（一般に「神祇令」という）に定められていたことから、早い時代からこれが制度化されていたことがわかる。斎戒は「散斎」と「致斎」とに分かれていて、それは岡田の別の論文「大嘗祭に於ける斎戒」[61]によれば、神事を行なうにおいての神聖性の度合いが致斎においてより高くなる。ところで散斎の具体的規定とは、

諸司理レ事如レ旧。不レ得二弔レ喪問レ病食一レ宍。亦不レ判二刑殺一。不レ決二罰罪人一。不レ作二音楽一。不レ預二穢悪之事一（傍点は波平）。

つまり、死者を弔わない、病人を見舞わない、獣肉を食べない、刑の執行や審判をしない、音楽を奏しない、穢悪に触れない、となっており、それによって至った神聖な状態をさらに強化するための致斎には、

唯祭祀事得レ行。自余悉断。

つまり、唯祭祀のみを行うこと、ということが規定されている。

ところで神祇令は唐の『大唐開元礼』に強い影響を受けていたことが知られているが、その両者を比べてみると斎戒の中での相違は、

(1) 中国の規定中にある「夜宿二止於家正寝一」とある部分がない。

(2) 中国側の規定にはない「(不得) 食宍」が加えられている。

(1)はともかく、(2)の肉食を禁じることの規定の付加は注目される。なぜなら、それは死のケガレと同種のものと考えられるからである。

ところで、「穢悪」の内容について、『大唐開元礼』では、

不レ得レ見二諸凶穢一。衰経過訖任行。其哭泣之声。聞二於祭所一者。権断訖事。

となっている。つまり、諸種の凶穢を見てはならず、喪服をまとう葬列を避け、祭所で泣く声を耳にすることを禁じている。神祇令の「穢悪」については『令義《りょうのぎ》解《げ》』(天長十年〈八三三〉に成立)では、

謂。穢悪者。不浄之物。鬼神所レ悪也。

とあり、『令集解《りようのしゆうげ》』（平安初期成立と言われる）では、

釈云。穢悪之事。謂二神之所一レ悪耳。仮如。祓祠所レ謂上烝下淫之類。穴云。穢悪者如二令釈一也。或余悪謂二仏法等並同一者。世俗議也。非二文所一レ制也。古記云。聞。穢悪何。答。生産婦女不レ見之類。跡云。穢悪謂依レ穢而所レ悪心耳（傍点は波平）。

つまり、それまで大祓の祝詞の中で示されてきた罪穢に仏教的要素が付け加えられている。また、「穢悪」については出産する女の類や穢きものであるとしている。あるいは『儀式』（貞観儀式のことで平安初期に成立）には「践祚大嘗祭儀」に斎戒に関する太政官符が記載されていて、「六ヵ条の忌むべき事」が示されている。

(1) 弔レ喪問レ疾、判二刑殺一、決二罰罪人一、作二音楽一事。
(2) 言語事（忌詞《いみことば》のことであとで記す）。
(3) 預二喪産一并触二雑畜死産一事。

(4)　預二穢悪一事。
(5)　行二仏法一事。
(6)　挙哀幷改葬事。

(2)の忌まれる言葉としては、

死（奈保留と称す）
病（夜須美と称す）
哭（垂塩と称す）
血（赤汗と称す）
宍（菌人と称す）

があげられ、これは『延喜式』の七語の忌詞のうち「打」と「墓」とが除かれている。
(3)については、参内および祭事に係わることのできない期間が明示されている。
岡田は、『令義解』『令集解』『儀式』の間の「穢悪」についての相違を次のように解釈している。

『令義解』では単に「不浄之物」とあるが、『令集解』では近親姦や産婦などいわゆる穢れを具体的に指している。『儀式』では死と産の穢れは別枠の(3)として分立し、罪の類を穢悪として別に扱うが、そのことを、少なくとも本来穢悪に含まれるべき穢れのうち典型的な死と産を特に前面に打ち出し、別項として重視したと見るべきではない。むしろ、もともと天つ罪・国つ罪に死・産の穢れは含まれていないことと、穢れが罪と異なって忌みの日限を必要とするため、別項として示しているのであろう。(62)

つまり、神ごと(宮中を中心とする祭りも民間の祭りも含めて)と死(および産)が対立する事柄とする考え方は、大祓の祝詞に示される「罪」より来ているのではなく、狭義のケガレ観より生じていると岡田は言う。そこで、広義のケガレは岡田の説に従えば次の二つになる。

(1) 穢れ本来のものは生理的・生体的変異に係わる事象であり、死・産・食肉・性交・打・泣くなど、身体に係わるものである。

(2) 罪もまた穢れであるが、それは人間社会や共同体の秩序を乱すもので、天つ罪・国つ罪に列挙されているものである。死と産が罪に含まれない理由がここにある。

ケガレ観念についての岡田の論議の注目されることは、神ごとから遠ざけられるものとして、死とは別に仏法・仏事が挙げられていることである。

記紀の記述によれば、仏教伝来の当初から、その背後に政治的対立があったことも加わり、日本の在来宗教と仏教が異質の宗教であり互いに相容れない要素が存在したこと、ないしは日本人の間にそのような認識があったことがわかる。

岡田の研究によれば、神が嫌うところのもの、ないしは神ごとを行なうに当っての斎戒において忌まれるべきものとしての「穢悪」の内容やその重視する対象は少しずつ変化しているが、少なくとも平安初期には、死＝仏法・仏事・僧尼とする認識は明白でない。

しかし、その萌芽があったことは、仏教に関することが忌まれるべき内容に列挙されていることや、次に述べる忌詞の中に、死や産や泣哀や食肉など、いわゆる岡田の狭義のケガレに関する語を「外七言《そとのしちげん》」として忌み、仏教に関する語を「内七言《うちのしちげん》」として忌み、神ごとに係わる者はそれらの語を別の語で置き換えて使うことが定められていることからわかる。

仏教と死のケガレ

『延喜式』『貞観儀式』『皇太神宮儀式帳』などによれば、伊勢斎宮の神官は次のような忌詞を使ったことがわかる。

「外七言」は先の五語に打つ（「撫づ」で置き換える）と墓（「つちむら」で置き換える）とが加わったものである。「内七言」は次のようなものである。

忌まれる語　代用される語

仏――なかご

経――染め紙

塔――あららき

寺――瓦ぶき

僧――髪長《かみなが》

尼――女髪長《めかみなが》

斎食――片食《かたじき》

さらに、「別忌詞」として、

堂――香燃《こりたき》

優婆塞――――――――つのはず

があげられている。[63]

宮田登によると、『令集解』や『令義解』に示された考え方は『令抄』においては「穢悪」を仏事と等しいものとすることによって仏事と神事との対立を決定的にした。それを説明する好例として、十二世紀に都市社会に普及した「神事札」の呪法がある。

この札を立てることによって浄境を設定し、そこへは重軽の服忌に従っている者、および僧尼は立ち入ることができない。また、神事札を立てている間は、その家の主人は仏間に入らないし念仏も唱えない。仏経典は別間へ移すというような仏事忌避が行なわれた。

しかし一方では、日常生活で一般的な役割を持っている召し使いの尼や入道と接触することは構わないという御都合主義の面があり、この関係は一般に普及する程複雑化していった。[64]

神ごとが、死と並んで仏事をケガレとして嫌い退けるという考え方が明白になる一方では、民間にまた地方に仏教が普及してゆき、神仏混淆の状態が進んでいった。しかし、明治初期の廃仏毀釈の運動は、そのような状況にあってもなおかつ仏事と神事とを分けようとする認識が存在したことを示している。

そして、神ごとと仏事との違いを最後まで残すことになったのは死者の取扱いであり、特に死後間もなく行なわれる儀礼のあり方の違いではなかっただろうか。

私が一九七四年から一九七五年にかけて（第一次調査は北九州大学民俗研究会の二人のメンバーとの共同調査）行なった調査によると、九州の日田山系の山村では次のような興味深い例が見出される。

調査当時百六十戸の山野ムラ（仮称）のうち、二十七戸が神葬祭家で、人々の伝承によると「昔から」神道の家であって、仏教に入ったことはないという。過去帳は保存状態が悪く、それを確認することはできないが、真宗の仏寺の側でもそのように伝えている。

人々はこのムラでは昔からお寺と仲が悪く、二十七戸の神葬祭家（これらの家は「神葬組」を形成し、第二次大戦直後まで共有田を持っていた）の外に、お寺とひどく仲が悪くなった家が寺から離れて神葬祭家になることもあり、明治末期には百六十戸全戸が神葬祭家になったこともあるという。真宗寺院の最重要行事である報恩講さえ、行ない得なかった年が何度もあったと仏寺の方でも伝えている。

ムラの人々は仏寺との折り合いの悪さを、僧侶の個人的条件をあげて理由づけするが、人々の記憶している限り、数代にわたって住職との仲が良かったことがないというのは、僧侶個人に係わる理由ではなく、人々の信仰構造にその原因があると考えられる。

注目されるのは、神事からの僧侶ないしその家族の完全な排除である。僧侶および住職家もムラの一員であるため、ムラの出役に出る義務もあり、寄附も出さなければならないが、神社の清掃や修理などの共同作業では僧侶は境内に入ることが許されない。神社関係の寄附は住職家から集めないし、家祓いをかねた神楽も寺院を避ける。また、神葬祭家の人々は寺院内に入らず、僧侶はムラ内のつき合いであっても、神葬祭家の家は訪問しない。一般に仏寺関係の寄附は集まりにくく、本堂の屋根葺き替え費用さえ集まらないのが実情である。

その一方では、人々の祖先崇拝は盛んで、法要は盛大に行ない、成人が死んだ場合の葬式には五百人近い会葬者があり、おトキを供する客だけでも五十人を越す。仏壇や墓には金をかけ、それがまた人々の生きがいであるようにも見える。他県に働きに出て、長年帰村したこともなかった人が、金が溜ると帰って来て立派な墓を建て、盛大な法要を行なうことがある。そのことを人々は恰好の話題にするのである。

この傾向は、幕末に日田郡一帯に盛んになった国学の影響の結果なのか、明治維新以降新たに生じたものであるのか、あるいはそれ以前から連綿と続くものであるのかわからないのであるが、人々は、「なぜ僧侶を神ごとから排除するのか」という私の問いに対して、「僧侶は葬式をしてもお祓いをしないから」という。この答えは実に示唆的である。

私はかつて、このムラの信仰構造を、神道に価値を置くハレ観念と、仏寺に代表されるケガレ観念の対立の際立った例として論じたが、(65) この論文の中でも述べたように、二十七戸の神葬祭家の死者儀礼のあり方、仏寺との関係は残りの家の人々にも、絶えず仏教と死のケガレ、神ごとと死のケガレの関係を考える機会を与えているように見える。

後の第四章で述べる四国の谷の木ムラ(仮称)九十九戸はほとんどが神葬祭家であるが、両者のケガレ観念には大きな相違がある。

つまり、山野ムラの場合は常に仏教と神との関係を意識して、あるいは明白にハレと対立するケガレ観を持っているのに対して、谷の木ムラの場合はハレ観念が明確化しないままのケガレ観である。

谷の木ムラのように、仏寺がなく、ある時期建立されても僧侶が常住したこともなく、神社はあっても、神官もいなくて、儀礼も定式化されず、教理も体系だって入ってきたことのない場合、いわゆる神仏混淆とも異なる信仰の状況が生じる。

宮本常一によると、屋久島では寺と宮の区別は明治期以降はっきり区別されたが、それは建物を建て直したりした結果であって、人々の心の中では区別はないという。例えば、安房にある如竹神社は法華宗の僧学者であった如竹を祀ったものであったが、如竹の墓の上に新たな祠を造り、鳥居を建てたものであり、村の人々は今でも（一九四二年当時）社の前で経文を開いて読んでいる。平内辺りでは墓の前に鳥居を建てているし、麦生では九月末や十一月の神の送迎のおこもりは寺院で行なっている、という状況であったという。[66]

南西諸島ではこういう状態はもっと著しい。

奄美大島名瀬市の大熊《だいくま》にある龍王神社は、昭和八年に出征兵士を送るのに、内地で行なっているような戦勝祈願をするための神社がなくて困っていたところ、たまたま、大熊出身で内地で暮らしている人が病気になり、その土地の祈禱師に占ってもらったところ、「あなたの生まれたムラで聖地がおろそかになっている」と言われ、薩摩藩の支配下の時代に薩摩藩の武士が建立した寺院跡に「自分の病気治癒のために」神社を建てた。ムラの人々はこのような状況であったので、「これで戦勝祈願ができる」と喜んで大熊の氏神にしたという。

最近までこの神社の祭司を行なっていた人は「山伏の免許を持っている」とも言うが、ユタでもある。徳之島の上面縄《かみおもなわ》でもほとんど同様の事例が昭和四十年代に生じている。後に述べるように、病気はケガレであり、病気治癒の祈願のために神社を一個人が建立し、それをムラの氏神とするということは、平安末期の御霊信仰の流行や御霊神社の盛んな建立と軌を一にすると考えられる。

神ごとから死は退けられるべきものであるが、死はもちろん、その他のケガレの事象も人間の世界では発生することを止めることはできない。止めることができないならば、それが生じた場合処理する手段を発達させるしかない。仏教は死をケガレとして忌む論理とは無縁であるから、死を忌避する神ごとより、はるかに死の処理を自由に、面倒な手続きを抜きにして儀礼的に処理することが可能であると人々によって考えられていたのではないだろうか。また、今日でも、日本人は「仏教徒」であると同時に「神道」の信者だと称することの理由はそこにあるのではないか。

社会によっては死が発生すると家族は死体を残してムラから離れ、特定のカーストの人々に死体の処理いっさいを行なってもらい、家やムラの清めが終わってからムラへ帰ってくる制度を持つ例がある。日本では、一般には死者儀礼の中心的主体は遺族である。

　これまで述べてきた通り、死は、それが肉親の死であっても、生きている者には危険なものであり、その危険をいかに予防するか、危険を招くケガレをいかに素早く祓い除くかが死者儀礼の中心である。

　日本において仏教は、民間の死者儀礼に死のケガレの及ばない、いわば防御壁を築く役割をしたのではないか。日本の社会が死によってもたらされる状態を危険視しながらも人間の死を取り扱う特定のカーストを社会全体として成立形成させずにきた理由はそこにあるのではないかと考えられる(67)。

注

(1) 仲松弥秀、一九七九年。
(2) 中市謙三、一九七九年、三七二頁。
(3) 鈴木重光、一九七九年、三八二頁。
(4) 前掲書、三八三頁。
(5) 前掲書、三八五―三八六頁。
(6) 前掲書、三八七頁。
(7) 松山光秀、一九七九年、四〇二頁。
(8) 前掲書、四〇三頁。

(9) 藤丸昭他、一九七九年、九二頁。
(10) 前掲書。
(11) 陰陽道で、万事に凶である日だと言い、外出その他の諸行事を見合わせる日(小学館刊・国語大辞典による)。
(12) 藤丸昭他、前掲書、一一一—一一二頁。
(13) 後藤義隆他、一九七九年、六一頁。神奈川県津久井郡藤野町でも、同じように、蓑・笠をさかさに着けた人が屋根棟に上がって名を呼ぶ。これを「ヨビカエシ」という(池田秀夫他、一九七九年、二七一—二七二頁)。
(14) 前掲書、八二頁。
(15) 波平はかつて拙文「通過儀礼における〈ハレ〉と〈ケガレ〉の観念の分析」と題する論文で、この点について述べたことがある。
(16) 藤丸昭他、前掲書、一二頁。
(17) 前掲書、八九頁。
(18) 後藤義隆他、前掲書、二〇頁。
(19) 藤丸昭他、前掲書、一三—一四頁。
(20) 前掲書、一三—一四頁。
(21) 前掲書、八七—八八頁。
(22) 池田秀夫他、前掲書、一三二—一三三頁。
(23) 前掲書、二七六—二七七頁。
(24) 井之口章次、一九五九年、三一八—三一九頁。
(25) 前掲書、三二七—三二九頁。

(26) 宮田登、一九八三年、二三―二四頁。
(27) 平安時代の前期の法制書で、失われた大宝律令を復元するのに最も良い手掛りとされている。
(28) 後藤義隆他、前掲書、三三頁。
(29) 松山光秀、四〇六頁。
(30) 前掲書、四一二頁。
(31) 前掲書、四一四頁。
(32) 前掲書、四一五頁。
(33) 前掲書、四二一頁。
(34) 池田秀夫他、九七頁。
(35) 前掲書、一七〇頁。
(36) 前掲書、一七一頁。
(37) 前掲書、九八頁。
(38) 藤丸昭他、一五一頁。
(39) 前掲書、九三頁。
(40) 池田秀夫他、一四五頁。
(41) 前掲書、二五三頁。
(42) 前掲書、一七二頁。
(43) 前掲書、一七二頁。
(44) 前掲書、三〇〇頁。
(45) 一九八三年。
(46) 前掲書、一六二―一六五頁。

(47) 藤丸昭他、一〇―一一頁。
(48) 荒木博之（広島大学教授）を代表者とする科学研究費による総合調査が行なわれ、荒木博之、谷川健一、二宮哲夫、谷富夫、波平が参加した。
(49) イザナミの腐敗した死体には八雷神が生じた。
(50) 藤丸昭他、二八―二九頁。
(51) 前掲書、六〇頁。
(52) 前掲書、六四頁。
(53) 鈴木重光、三八八頁。
(54) 松山光秀、四〇一頁。
(55) 松平斉光、一九頁。
(56) 鈴木重光、三八一頁。
(57) 後藤義隆他、三七頁。
(58) 藤丸昭他、八六頁。
(59) 後藤義隆他、三七頁。
(60) 例えば、高取正男の説。
(61) 一九七八年。
(62) 以上、岡田重精、『古代の斎忌』、一〇四―一二五頁。
(63) 楳垣実、二五六―二五七頁。
(64) 宮田登、一九八三年。
(65) 波平、一九七四年。
(66) 宮本常一、一九七三年(b)。

(67)　ある地域（例えば京都）のある時代（例えば鎌倉時代）においては横井清が指摘するように、死にかけた奉公人を住居にケガレがかかることを防ぐために運び出し、川原まで持ち運んでそこに居住する人々に死体の処理を委ねることがあったであろう。しかし、死者が家族の一員であった場合には異なる方法がとられたであろうし、貴族ではなく、庶民の場合には異なる取扱いをしたのではなかろうか。人間の死体処理を家族に許さず、特定の集団がすべてを取り行なう制度が日本全体に長い時代にわたって定着することはなかった。

第二節　出産・月経とケガレ――赤不浄

死と再生とケガレ観

人々に待たれ望まれ喜ばれる出産・誕生が、ケガレであり神が嫌うところのものであるという認識は、今日の特に都市の人々にとっては縁遠いものであろう。「忌引き」は死のケガレに対してのみ適応され、出産に関する休職は産婦にのみ適用されるが、それは母体保護と育児のためのものと考えられており、出産後三十日前後の、新生児を連れての宮参りには、かつての「忌明け」の要素はなく、もっぱらめでたく晴れがましい行事と考えられている。

しかし壱岐島の勝本浦のように、一九七〇年代当時でも妻が出産すると夫は三日間の休漁が強制されるし、四日目に出漁する時は海中に入ってキヨメバライをする。このムラでは妊娠もまた出産と同じようにケガレであって、乗組員の中にその妻が妊娠中の者があれば、その期間中は不漁が続くと信じられており、妊娠がわかった段階で、船と乗組員全員は神官のお祓《はら》いを受ける。お祓いを受けないと一層不漁の程度がはなはだしいと信じられている。

後述するように、西山やよいが『産屋の民俗』[1]の中で報告している福井県の海岸部の漁村では、出産や産婦をケガレとする観念は明白で、それは時間の経過とともに弱まり、それに伴って、空間的には産婦は出産小屋からダシという母屋から張り出された別間へ、さらに母屋へと移りながら日常生活へ戻って行く。

産小屋は内部が二つに分かれていることもあり、奥の部屋が出産用に、表の部屋が月経中の女性用にあてられているような場合には、出産からの日数がたつと奥の間から表の間へ移る。また、母屋へ戻っても、すぐには神棚のある部屋へ行くことはできないが、忌明けの宮参り以降は以前通り神棚の供物もできるようになる。この空間的な移動が可能になる出産後からの時間の経過も段階的に明確に決められていて、ケガレの度合いは物量的に計ることができるかのようである。

出産と並んで月経もまたケガレであるとする習俗は、タヤとかヒマヤ、ベツヤなどの民俗語彙で示されるところの、月経中の女性がそこで寝泊りしたり食事をしたりする小屋の存在からも知られる。かつて月経中は家族とともに食事をしないし、また、同じ火で煮炊きしたものは食べることができないので、別鍋で炊いたものを食べるなど、月経小屋を持たない所でも、月経をケガレとし、それと接することを避けようとする習俗が見られた。

現在では建物は残っていても用いられることはないし、多くの月経小屋はすでに消失してしまっている。今日の都市ではもちろん、農村においてさえ、月経をケガレとみなす考えは残されていないように見える。

しかし、一九七〇年代に入ってから女性の生理休暇の存続の有無について論議されてきた中で、先進産業諸国において、出産と育児以外に月経に対して有給休暇が設けられている国は日本以外にないことが新たに注目を浴びた。タイと韓国の例は、日本の制度を導入したものであるという。そして、一方では妊娠・出産・育児の期間の休暇制度が比較的整理されていないことと矛盾することも興味をひくことで、生理休暇が職場における女性保護とは一概に言い切れない面を持つことが推察できる。月経中は生産と係わる場や公的な場から、女性は一時的に退くべきだという考えが男性の側にも女性の側にも基層的に存在していたからこそ成立した制度ではないかと考えられるのである。

しかし、いずれにしろ、出産や月経をケガレとする考えは、死をケガレとする考えよりも人々の間では弱くなってきていることは確かで、むしろ伝統的にもこれらの現象の別の一面として認められてきた「めでたい」現象であるとする認識のみが残されたと言える。

月経・出産をめぐるケガレ観は死のケガレ観より複雑でわかりにくい側面もある。岡田重精は先にあげた『古代の斎忌』の中で、出産の不浄観にはおよそ次のような変化がみられると述べている。

(1)　最初は死の場合と同じく、出産は非日常的な畏るべきものとみなされ、出産を目撃したり、それに触れることが忌避された。産屋が設けられたのもそのためである。コノハナサクヤヒメの説話には、記紀ともに産屋に戸が無いと記されているのは、他からのぞかれない、のぞいてはならないというタブー性の表われであろう。これらは喪屋と死体瞥見の禁忌と共通するものである。つまり、記紀の記された頃には出産を非日常的で畏るべきものとの認識のみがあった。

(2)　しかし『弘仁式』（八一〇―八二四年の弘仁年間に制定された儀式）以降になると、出産を穢れとし、忌むべきものとして積極的に忌避する傾向が出てくる。弘仁式中の「触穢忌事」の中に死穢とともに産穢が指示され、これを受けて、『延喜式』（延喜五年〈九〇五〉に着手し、延長五年〈九二七〉に完成）では「預二喪産一」忌として、いずれも七日間忌むべきであるとしている。これは『貞観儀式』を受けたもので、この中では喪と産とを穢悪から区別し、天つ罪や国つ罪のみが穢悪として指示されている。また、死や産は忌の日限が限定されていて、それを過ぎることによって祓浄のうえ解除される仕組みになっている。産は死と同類の穢れとみなされ、その認識はいわゆる「甲乙丙丁の転展の穢」が出産にも適用されていることにも見られる。

(3) 産穢は、はじめ七日間の忌みが制定されているが、平安末期になると『玉葉』などに見られるように、産婦自身に穢れがあり、その穢れが続く期間が三十日とする旨が述べられ、松尾神社などでも三十日間の神社参詣を忌むとされるようになる。

(4) 産穢とその忌みに対して詳細な資料が出て来るのは中世資料からである。しかし、そこに示される忌み習俗には古代にさかのぼるものが多く含まれている。『文保記』[2]や『永正記』[3]になると、九十日以降は産婦との同宿は忌まないが、同火については百日を忌みの期間としている。参宮は百日以降とする。なお、『永正記』の記述から、産穢が段階的に軽減することが、空間的な表現を取っていることによって示されている。

(5) 産と死とは、人生の初めと終わりの決定的な意味を持つ生理現象であって、穢れと忌みとの領域の典型として同じ枠内に置かれ、同類的に扱われている。この二つは、社会集団の場において対人関係の平衡を乱し、体制の転化をもたらす異常な危険な現象であるところに、この観念の発生を見ることができる。したがって、出産の穢れは、出産に伴って起るところの生体の危険や出血や汚濁と直接結び付くものではない[4]（傍点は波平）。

以上が岡田の出産のケガレについての議論の要旨である。以前私は「通過儀礼における〈ハレ〉と〈ケガレ〉の観念の分析[5]」と題する論文で、出産と死とは、一つには、生命のない存在ないしは人でないものから人へという誕生も、人から人ではない死者（あるいは祖霊や仏やカミ）へ変化する死も、ともに大きな変化の発生であり、このような状態や状況がある段階（ないし次元）から次の段階へ移行する場合、通文化的にみてそれを不安定で、どっちつかずで、したがって危険な状態とみなし、それに特別な意味を与えて儀礼を行なってきた。このような移行中の状態はまたしばしば不浄な状態ともみなされるという、メアリー・ダグラスやエドマンド・リーチなどの説を援用して分析した。

二つには、松平斉光が『祭――本質と諸相』の中で穢れの内容としてあげているように、死も出産も不潔な現象を必ず伴うのであり、生理的嫌悪を感じさせるもので、これらについても通文化的に不浄観が付与される。不浄な状態はまた危険な状態ともみなされる傾向があり、通過儀礼が不浄を清める意味を持つ儀礼を含むのは、そのような不安定で、かつ危険な状態から抜け出すために行なわれるのであると分析した。

岡田重精は、死と出産はともに社会関係の均衡を（一時的にせよ）乱し、それは危険をもたらす現象であると述べている。また、これは罪にも通じるもので、このことが、罪・死・出産が忌みの対象とされてきた理由であるという。

近藤直也は『祓いの構造』[6]（一九八二年刊）の中で、出産と死のケガレについて次のように分析している。

誕生・成人・婚姻・葬送に際しての各通過儀礼において、祓いによって次の段階へ移行するという点においては共通している。しかし、子供から大人へ、娘から嫁への通過は有から有への変革であるのに対して、出産は形のないものから形のあるものへの変革であり、一方、葬式は有形から無形への変革である。この二つは、有形から有形への変革と比べた場合、はるかに大きな変革であって、そのためには何度も何度も祓いを繰り返さなければならない。このような変革のための祓いという目的が不明瞭になるため、新たに死の穢れという観念が創り出される。つまり、本来の意図が忘れられたために、穢れているから祓うのだと説明するようになる[7]（傍点は波平）。

近藤は以上のような結論を、カニトリ着物の民俗をはじめ、いくつかの項目にわたって詳細な事例の調査を行なって集めた資料を分析することによって得ている。カニトリと呼ばれる着物は、赤い木綿を用いて特別な寸法で作った着物のことで、誕生後三日目や七日目に赤ん坊に着せ、これを七十五日目や百日目などの産の忌明けの折に脱がせる習俗である。近藤説では、これは、一つには赤児としての性格をこの着物を脱がせることによって取り去ること、二つには産の穢れ（カニ）を取るために行なわれる習俗であるという。

子供の誕生儀礼に、子供の額にカニを這わせる儀礼が南西諸島にはあるが、これについて中山太郎説では、カニの脱殻から生命の更新のための呪術として行なわれるという。小林存《ぞん》説では、カニを害物とし、すみやかにそれを取り去るべき対象とみなして行なわれる儀礼であるという。山口貞夫説では、カニを水神の使者と考え、額にカニを這わせるのは禊と同じであり、産の穢れを祓うためだという。近藤は、カニを用いての儀礼の意味はこれらの説を結合して考えるべきだといい、カニトリ着物の習俗は、以上のカニに関する意味のいずれをもそなえたものであるという(8)。

額にカニを這わせる習俗を持つ南西諸島の人々は、この儀礼を説明して、カニの多産にあやかるように、またカニのように速く歩けるようになるためだという。しかし、それだけでは次のような習俗も併存していることの理由が説明できない。つまり、赤ん坊が初めて外出する時、赤ん坊の頭に布切れをかぶせておくが、そのあと川の水を汲んで来て、その水を赤児の額につけ、次にカニを這わせ、最後にその頭の布を取り去るという儀礼の意味はこれからだけでは分析することができない。むしろ、カニに産のケガレを付け、それを取り去る儀礼と考えられると近藤は分析している。また、赤児の着物に麻の葉模様のものを選んだり、背縫いに麻の葉、あるいはそれに類した模様の縫い取りをしたりするのは、次のように理解できると近藤は述べている。

つまり、赤児から子供へと変革するためにはどうしても赤児としての性格を祓い去らなければならない。これらの模様は呪符であり、このような呪符の付いた産着を着せるのは単なる魔除けではなく、祓いによって胎児から赤児へ変革させることを意味する。麻の葉模様は魔除けのためであるという説明は、胎児から赤児への変革のために祓うという本来の理由が忘れられたため、その時点で新たに発生した説明付けである。[9]（傍点は波平）。

麻の葉模様、×形、三角紋は、産着だけではなく葬送儀礼においても用いられるが、これもまた祓いのためである。生者が死者へと変革し、残された遺族もまたその位置づけが変革するのであるから、人が三角布を付けている場合、その布によってその人の元の性格を祓い去ることを目的としているのである[10]。

さらにまた、赤児の初めての外出の時、額に犬の字を書いたり、丸や星形を描いたりするアヤツコの儀礼から近藤は次のように言う。

初外出や宮参りは、生後間もないころに行なわれ、この段階で産の穢れはある程度祓い得たことになると民間では伝承されている。しかし、この考え方は逆立ちしたものであり、本来的には初外出や宮参りの時にアヤツコを額につけたからこそ、産の穢れが祓われるのである。産の穢れという概念は、産育儀礼の上では本来的に存在したと考えることはできない。胎児から赤児へ変革するために、胎児としての性格を祓う儀礼が必要である。……変革の意識が薄れ、さらに忘れ去られれば、その儀礼の説明付けとして、穢れという概念が後に作り出されるのである[11]。

近藤はまた、新仏の墓の上に作り置くカリヤについて考察しつつ、モガリ（殯）についての次のように分析している。

殯のモとは死の穢れを象徴するものであり、ガリは「駆り」であり、追い払う意と解せられる。死者の霊を他界へ追い払ってしまうことがモガリであり、穢れの観念自体はモガリを行なう説明づけから発生したのではなかろうか。つまり、最初、死霊を他界へ行かせ、そこで再生させるための儀礼であったものが、再生の意味が軽視される。とにかく死者の霊を次元の異なる世界へ送り出そうとする儀礼のみが強調された時に穢れの観念が生まれ、血を同じくする遺族達に、より強く穢れが降りかかる考え方が同時に派生したのである(12)。

以上のように、近藤は通過儀礼の当事者およびその近い肉親に対して穢れがかかるという観念、あるいは死や出産という現象そのものに、穢れであるという考えは本来は存在しなかったとする。しかし、祓いの儀礼によって、古い特徴や性格を祓い去るという様式ができあがったのちに、その儀礼本来の意味が見失われ、儀礼の形式のみが残り、それを説明するために「穢れ」という観念が付与されたというのである。

以上の近藤の説明にはいくつかの矛盾がある。

㈠『祓いの構造』の中に頻繁に「本来的には」穢れの観念はなかったという記述が見られるが、「本来的には」とは、いったい何を意味するのであろうか。

それは、先に紹介した岡田重精のように、古くから伝えられる文献にはなく、後になって出て来るという歴史的なものについて言うのか。あるいは、死や出産そのものは本来的に穢れでもなんでもなく、単なる生理現象の一つとして受け取られるべきであるのに、人間が文化的にそのような意味を与えたということを言おうとしているのか。前後の関係から、前者の歴史的変遷を示唆しているようであるが、それならば何をもって「本来的である」と言うのかの根拠が示されなければならない。

㈡　近藤が指摘するように、通過儀礼の個々の儀礼には、ある段階から次の段階へ移行することを促したり、確認したりする意味合いの強いものがある。仏壇の外に新仏のために別の棚を作り、そこに位牌や供物を供え、忌明けが終わると位牌を仏壇へ上げるとか、トムライアゲがすんだ死者の墓の横に常緑樹を植えるなどはそれであるし、第二章第一節で述べた、「タマヨバイ」の儀礼や湯灌、死者の剃髪などもそれに当る。

しかし、儀礼には一つの意味だけ与えられていることは少なく、むしろ、重層的にいくつもの意味が与えられていることが多い。重層的とは、人々の側の説明にも「一般には△△と言われるが、本来は○○の意味の儀礼である」という表現にも見られるように、多義的であると同時に意味のそのまた解釈をすることがある。そしてさらには、調査者が、他との関連で解釈するところの意味である。近藤自身も、赤児の額にカニを這わせる儀礼についてのいくつかの説明のすべてを考慮しなければならないと述べている。

そうであるならば、祓いの儀礼に、なぜ、「本来的な」一つの意味のみを強調し、穢れているから祓うという説明は「本来の意味が不明になったのであとから加えられた」ということを強調するのであろうか。また、そのことを強調し、結論することにどのような理論上の、分析上の利点があるのであろうか。

㈢ 宗教現象を扱う場合、常に問題になるのは、宗教的観念と宗教的行為の二側面の関係である。人々の宗教的観念は当人達の言葉による説明によって示される部分もあるが、また、儀礼によって調査者が読み取る部分もある。

それはさらに、儀礼を行なう人々の儀礼についての説明から直接得られるものと、調査者が、当該社会で行なわれている数多くの儀礼や、人々の側からの儀礼についての説明や信仰内容の人々の言葉による表現とを総合して導き出す説明（解釈）との二つに分けられる。儀礼を行なう人々が儀礼の意味を明確に説明することはあまりなく、むしろ「昔からやっていた」と述べることの方が多い。しかし、そのことは、意味が見失われたまま惰性として儀礼が行なわれていることを決して意味しない。いやむしろ、意味を与えているからこそ儀礼を行なっているという仮説に立って儀礼を分析するべきではないかと考える。

近藤は儀礼の本来的意味が失われて、のちになって新たな意味が与えられたことを強調するが、儀礼そのものに変化がなかったかどうかの検討がほとんどない。

㈣　死や出産の儀礼の中には、主張するように、確かに変化を目的とするものが含まれている。しかし、古い特徴がそのまま残るという状態がなぜ穢れとみなされるようになったかの説明がない。つまり、なぜ「古い特徴を祓い去る」＝「穢れを祓い去る」ということになるかの説明がないため、その主張は説得力が弱い。

㈤　また、穢れの観念は、一つの通過儀礼にのみ留まらず、日本の信仰や社会制度にさえ広汎に見られる観念である。そのことをどのように関連づけて説明するのであろうか。

以上、冗長に過ぎたが、近藤直也の論議についての疑問を述べたのは、ケガレ観念は複雑で多義的であり、一つの観念に単純化してはならないことを強調したいがためである。

若狭湾岸における出産と月経のケガレ観

出産や月経に関するケガレ観念が都市でも地方でも次第に弱くなってゆく傾向がある中で、若狭湾岸にある敦賀市立石《たていし》半島の西浦七郷、三方《みかた》町常神《つねがみ》半島、内外海《うちとみ》半島には第二次大戦後でも出産や月経中は家から離れて別小屋で過す習俗が残っていた。建物だけは昭和四十九年から五十年の調査当時まで残っていることが西山やよいの『産小屋』習俗の中の女たち」と題する論文から明らかである。以下、西山のすぐれた詳細な報告から、若狭湾の出産・月経に関する習俗をまとめ、それから知ることのできるケガレ観について述べてみる。

事例(1)――敦賀市沓《くつ》ムラ

昭和五十年現在、沓にはムラ共有の産小屋があり、「コヤ」と呼ばれている。海岸沿いに建っていて、入口の前には海へ流れ込む川があり、これを「コヤの川」と呼ぶ。現存するコヤの図は次頁のようなものである。海側の、入口から見て右手の部屋を「オクゴヤ」と呼んで出産小屋に使い、陸側の、入口の正面の部屋を「クチゴヤ」と呼んで月経小屋に使っていた。

産み月になり出産が近づくと、浜からきれいな砂を取ってきてオクゴヤに敷き、そ

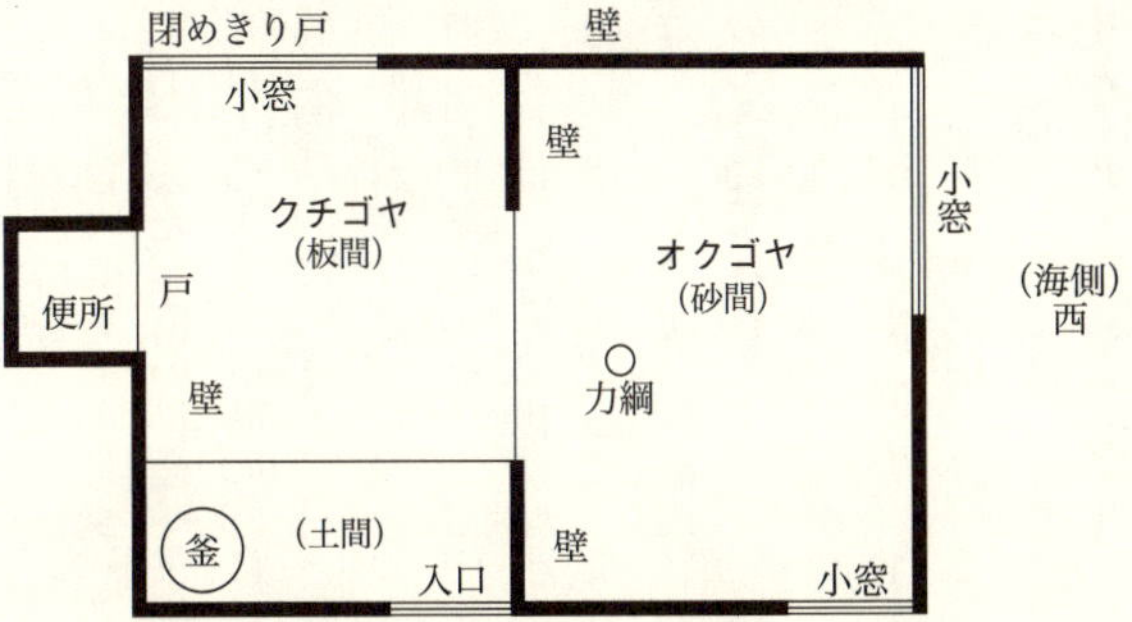

敦賀市沓《くつ》ムラ産小屋　(西山やよい「『産小屋』習俗の中の女たち」『産屋の民俗』国書刊行会、1981年刊、175頁より)

の上に筵《むしろ》とゴザを敷き、さらにワラを置いて出産の場を作る。お産がすむとワラを取り除き、後産と一緒に「コア」と呼ばれる場所でワラのみ焼いて後産を埋めた。しかし、狐や狸が来て掘り起すので、のちになっては産小屋の柱の根元に深く埋めた。

出産後は三十二日間オクゴヤにいて、三十二日目には初めてオクゴヤからクチゴヤに移り、そこで食事をし、小屋を出て家へ帰る。この日を「カドへ回る日」と言った。自宅へ帰っても母屋へは入れず、母屋から張り出した「ダシ」と呼ばれる三畳ほどの囲いの中で四十日目まで寝泊りする。その間産婦のみはまだ穢れているといって赤ん坊のみ残し、自分だけ食事のため産小屋へ通った。母屋へ入れないため、台所へも行けず炊事もできなかった。

四十日目以降は母屋へ入り食事もできたが、七十五日目までは食事に関する規制があり、油っこいものは食べることができなかった。百日を過ぎると氏神様の宮参りができ、また屋内の神棚へ供物をあげることができるようになった。

以上のように、時間的には、出産直後が最もケガレの度合いが強く、百日目までの間に段階的に、三十二日、四十日、七十五日、百日を区切りとしてケガレの度合いが弱められてゆき、百日たつとすっかり消える。その段階は空間的な移動あるいは許される行動範囲の拡大として示されている。

それは、一方の極に産小屋の中のオクゴヤ、他方の極に母屋の神棚という設定の直線状の空間領域として、ないしは、母屋の神棚を中心として、一番外側に産屋のオクゴヤという設定の同心円状の空間領域の移動とも考えられる。これはまた、次頁の図のように示される。

この地方では月経もケガレと考えられ、女性は月経中母屋で家族と一緒に食事をすることができず、クチゴヤへ行って食事をした。寝るのは母屋の中ではなく先述のダシであり、ダシから食事ごとにコヤへ通った。おかずは家から持って行ったが、御飯は、必ずコヤで炊いて食べなければならなかった。母屋へ入ることができないため、男手ばかりの家では炊事は男性がしなければならなかった。また月経中の女性は出漁はできなかったが、田や山での仕事は許されていた。生産労働における規制として、海での漁業が禁止され、陸での農業が許されたという差異は興味深い。

月経中の女性と出産直後の産婦との関係は、それぞれクチゴヤ、オクゴヤとに分かれて生活し、互いに行き来することは許されなかった。これは、産のケガレの方が月経のケガレより重いという認識から出ていることであろうが、いま一つには、産のケガレと月経のケガレはやや質を異にするという認識もあったのではないかと考えられる。

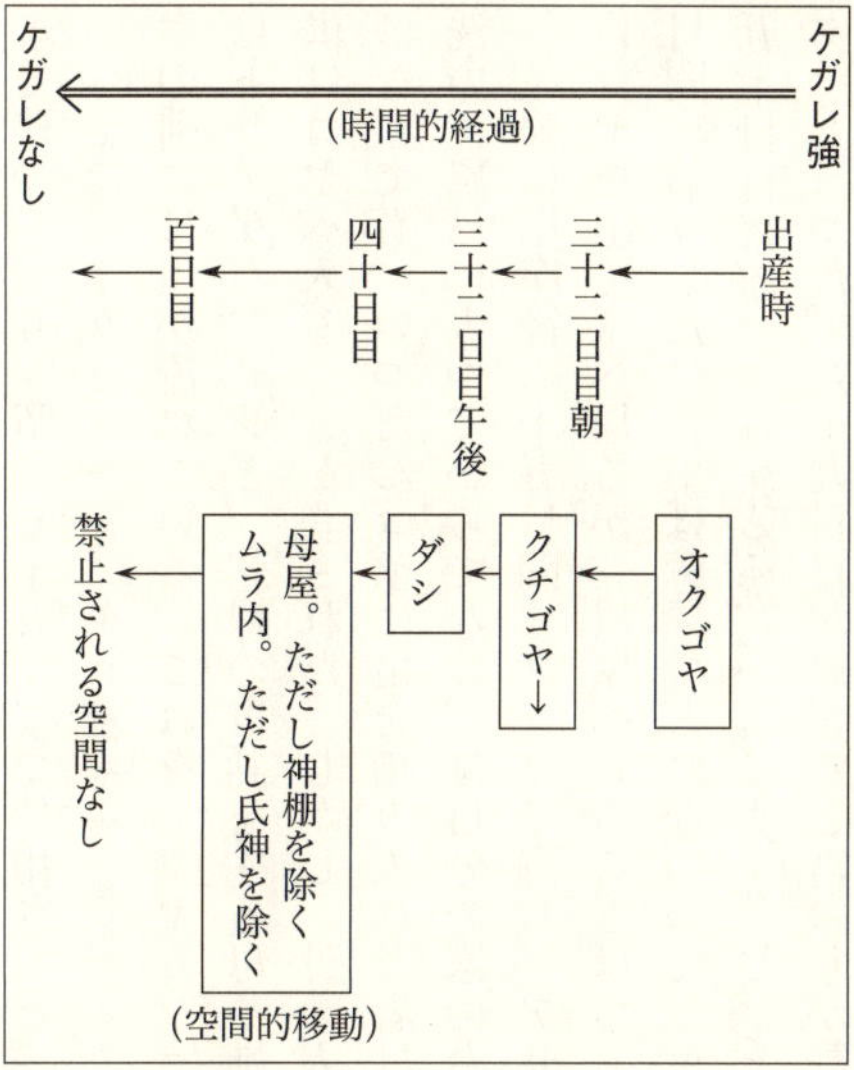

敦賀市沓ムラにおける出産のケガレ

事例(2)――敦賀市常宮《じょうぐう》ムラ

常宮は沓からわずか六百メートルほどしか離れていないが、その出産に係わる習俗はやや異なる。常宮も産小屋は調査当時まで残っており、昭和三十五年まで使用された。

コヤは「オクゴヤ」と「アサゴヤ」（沓のクチゴヤに当る）とに分かれていて、コヤの前には川が流れている。これを「コヤガワ」と呼ぶ。コヤに入ることのできるのはトリアゲバアサンと、産婦の世話をする母や姉、産婦に小さな子供のある場合は子供はコヤへ入ることが許された。しかし、外の人は近づくことさえなかった。産婦ではなくても、いったんコヤに足を踏み入れた者は、家へ帰った時には着ていた衣服を洗い、風呂に入ってからでなければ自分の家の台所へ入ることはできなかった。

産婦は出産後二十五日間オクゴヤで過し、アサゴヤでさらに五日間過す。三十日目にコヤを出て家へ帰るが、母屋へ入ることはできず、母屋から張り出したダシで二十日間寝泊りした。食事は母屋でとれないので三度の食事はアサゴヤへ通って食べた。五十日目に海水で身体を洗い、母屋へ入ることが許されたが、これを「クチマワッタ」と言った。九十九日目が過ぎると宮参りが許された。

西山の報告する事例のうち二例を記したのみであるが、出産をケガレとする場合は月経もまたケガレとする考え方が強いことが明らかである。また、出産の方が月経よりもケガレの度合いは強いとみなされている。寝泊りはダシでして、母屋の中へ入れなくとも一応は自分の家へ戻ったのに、食事を自分の家ですることが許されないのはケガレが火にかかることを忌むということであるらしい。

月経中もダシに寝て母屋では寝ず、また、食事は毎回アサゴヤでするというのも同じことで、火のケガレを忌むこと、さらには、食事もともにすることで産婦や月経中の女性のケガレが家族に降りかかることを忌む。つまり食い合わせを忌むことから来た習俗であると考えられる。

しかし注意を引くのは、おかずは家から持って行っても良いが、御飯はアサゴヤで炊くという点である。これは、アサゴヤのような設備の整わない所で御飯もおかずも調理するのは不便であるという実際的な理由はさておき、米（御飯）は儀礼的食物であることから、母屋で炊いた御飯を食べることができない。また、御飯はかまどで炊くため、かまどはまた火を象徴し、儀礼的にみて七輪などの調理道具より重要であり、かまどにケガレがかかるのを忌むということであろうか。

西山が調査したムラムラにおける出産および月経に伴う禁止内容や小屋住いの内容をまとめてみると、ムラとムラの距離は近く、通婚が頻繁であるのに、その内容にかなりの差があり、出産や月経中の女性が小屋住いを止めた時期にもかなりの差があることに気づく。このような差異が何によって生じたのかについては明らかではない。

調査されたムラムラは、漁業のみあるいは農業のみではなく農漁半々であり、漁業も女性の労働を取り入れ、地先で小規模に行なうようなものであるらしい。西山の報告では山や畑へは月経中であっても働きに出かけて良いが、海だけは禁じているとのことで、海を清浄な空間と考えて、そこへケガレを持ち込むことを忌むのかと考えられる。壱岐島の勝本浦では、少くとも一九七〇年代まで、ケガレ（死・出産・月経）が海へ持ち込まれると不漁や遭難という不運や危険がもたらされるとの明確な認識があり、女性が船に乗ることも、船や漁具に触れることも（それが出産直後や月経中でなくても）忌む気持ちが強い。しかし、出産後の一定期間や月経中にこもった小屋があったということはなく、伝承さえない。コヤにこもって家族から空間的に隔離され、台所仕事などの日常生活を禁じることが即、ケガレ観の強弱につながらないように見える。

私はかつて、「月経と豊饒」[13]と題する拙文で、ヤングとバクダヤンが月経に関する女性へのタブーのいくつかの項目に[14]それぞれ(1)から(5)までの段階をつけ、ケガレ（不浄）観念の強弱を論じた彼らの論文を批判したが、若狭湾の以上の例と勝本浦との比較をすると、出産小屋や月経小屋の問題は今後検討されねばならない多くの問題を持っているように思う。

月経小屋および産小屋の問題

隠岐の知夫里《ちぶり》や古海《ふるみ》では、各ムラに一戸ずつではあるが、自分の家の屋敷内に月経小屋と産小屋をかねた別棟の小屋を持っている家があった。知夫里の家ではそれを「ベツヤ」といい、月経中は一週間ベツヤにいて、別火の生活をしなければならなかった。

古海のその家では「ナガヤ」という別棟の小屋を持っていて、月経中の女性は十日から二週間も母屋から離れていなくてはならない。ナガヤは二階建てになっていて、上を月経小屋・産小屋として使い、階下は牛馬を飼っている。月経中のことを「ニワニヲル」と言い、月経がすんだことを「ニワがすんだ」と称した⑮。外の家はこのような別棟の建物は持たず、出産も炉のわきのシモザでしたのである。

なぜ、これらの家のみがこのような習俗を持っていたのか。桜田勝徳・山口和雄の報告では明らかではないが、十日から二週間もナガヤで生活し別火を強いられたということは、女性の数が多く、家族規模の大きい家であることが推測できるし、前後の関係から他より裕福であることがわかる。これらの家がムラの中で特別な家であることと、この月経・出産習俗との間にどのような関係があるのか、興味が引かれる点である。

なお、隠岐島全体では月経や妊娠・出産を不浄視するのであり、例えば黒木村別府のサンジンサンの祭りは特に物忌みを厳しくいうが、この神社の横路を月経中や妊娠中の女性が通ると神さまがこれを突き倒すといって、このような女性は決して通らないという(16)。

八丈島では女性の月経や出産に際して「タビ」とか「タヤ」とか呼ばれるコヤへ行く習慣があったことはよく知られている。八丈島のタヤの習俗にはいくつかの重要な点があり、これらは月経小屋・産小屋の問題を考えてゆくうえで重大な示唆を含んでいるように思われる。

以下は大間知篤三《おおまちとくぞう》の「八丈島――その民俗と社会」により、波平がまとめたものである。

㈠　八丈島には遅くとも永正十一年(一五一四)にはタヤ(他屋)があったことが『八丈島年代記』(17)から知られる。幕藩時代、幕府の代官はしばしばこのタヤの習俗を禁じ、タヤを打ち壊すことを命じた。明治になってからも、幕府の伝統を受け継ぎ、明治政府の役人はたびたび禁令を出して、ついにはタヤは全島から明治十年代には姿を消してしまった。

このことは次のことを意味する。武士や幕府、明治政府などの支配者側には、月経や出産をケガレとみなす考え方はなかった。あるいは、まったくなくはないが、八丈島の人々のように、月経中の女性を見かけると逃げ去るというような強い忌避観はなかった。幕府に貢納された黄八丈の反物は女性によって織られたのであり、月経中の女性が織ることを忌むという考えも支配者側にはなかったらしい。ただし、流罪人であった浮田（宇喜多）秀家の子孫には献上品の反物を織らせなかった。

タヤに七日間こもると、黄八丈を織る能率が下がることを幕府や代官が嫌ったかとも考えられるが、イザリバタをタヤへ持ち込んで織ったという例もあることから[18]、この解釈も当らない。タヤの禁制はどのような理由によるのか。これまでケガレ観が、支配者側からの、ないしは知識人からの民間への浸透であるとの説、あるいは特定の集団や女性の劣位性を推進したのは支配者層であるという説が、この問題の一面しかとらえていないことの例証となる事例ではなかろうか。

(二)　タヤが幕府役人の禁令により壊されることを男性より女性の方が嫌ったのではないかと推測させる記述が『八丈実記』[19]にはあり、月経小屋・産小屋に住うことを女性差別とし、女性がその習俗に苦しんだというこれまでの説明はあまりに一面的にすぎる。

(三) 月経や出産はケガレであり、タヤが壊されてこのケガレが拡散すると危険を招く恐れがあるとの観念は明確で、明治初期の台風で家々が倒壊して大きな被害を受けたのはタヤを廃したからであると信じて、役人の意志に背いて、こっそりタヤを作ったことが『八丈実記』[20]には記されている。月経や出産のケガレ観は強かったが、しかしそのことは女性の地位が低いことを意味せず、婚姻制度、家族制度、財産の継承制度においても、むしろ本土の場合よりはるかに女性の地位は高い。つまり、月経や出産を不浄視することが即女性蔑視や劣位とみなす傾向とは結び付かず、私が「月経と豊饒」の拙文中で一部述べたように、もっと複雑な関係がそれにはあることを八丈島の例は示唆している。

(四) タヤの制度にはかなりの変遷があった。例えば、①かつては産小屋と月経小屋が別の小屋であったのがのちになっては同じ小屋が使われるようになった。②これらの小屋はかつてムラの居住地区から遠く離れた所にあったが、やがて居住区に近い所に作られ、さらにあとには屋敷内に設けられるようになった。③タヤの外に「三日屋」という別の小屋があり、月経が終わっても三日間過し、身を清めて家へ帰る習俗があったが、のちには三日屋はなくなった。

(五) タヤの制度には、出産や月経のケガレを他の家族やムラ空間に拡散させないため、タヤにその女性がこもるということの外に、別の理由が存するのではないかと思われる。『八丈実記』によると、短い場合で五日、長い場合は十五日もタヤにいたといい、これは月経期間よりはるかに長い。十五日の場合は、受胎の可能性がある期間はタヤにいて、夫と離れていることになり、あるいは受胎調節のためではなかったのかと推測される。

一方ではまた、同じく『八丈実記』に、島の人々が月経中の女性に会うと逃げ散るほどそれを忌んだのに、夜になると少年青年達がタヤを訪れて性的な遊びをしたことが記されている。女性の側もその期間を楽しんだことがないわけではないらしい。

また、大間知篤三も奇異なこととして注目しているのは『八丈島年代記』永正十一年の次の記録である。

此時島中困窮す。前年より二歳、三歳、六七歳の女子ども、他屋に成る。二七《にしち》日、三七《さんしち》日、三十日、五十日在之、家へ戻る。

大間知はこれについて、「かかる幼児たちが如何なる原因によるのか、とにかく成人と同じく不浄と考えられる状態になり、かなり永い日時を隔離の小屋に入ったというのである」[21]と述べている。

私は、まったくの推測であるが、これは飢餓状態に陥った時、女子のみの幼児殺しが行なわれ、それからのがれるために男子成人がその不浄のゆえに近づくことのできなかったタヤに入り込んだのではないか、タヤはその不浄性のゆえに避難所、最近中世のヨーロッパ史で注目されているアジール[22]に近い機能が与えられていたのではないかと推測する。

タヤが社会的規制が取りはずされるようなアジールとしての機能を持っていたと考えるなら、先述の、一方では月経中の女性を忌避しながら、他方ではタヤに若い男子がそこを訪れて性的な遊びをしたことも納得のゆくことであるし、また、代官や明治政府の役人がたびたび他屋禁令を発し、取り壊しを命じたこともある程度は理解できるのである。

㈥　出産のケガレが夫にもかかるという考え方は、夫婦の間の関係の密接さが強いことを一方では意味するのではないかと考えられる。

これまで、〈月経・出産を不浄視すること――→女性の蔑視・女性の社会的・文化的劣位〉というステレオ・タイプの説明がなされてきたが、拙文「月経と豊饒」ですでに論じたように、このような結論は男女の関係を一面でしか見ないことになり、事例を比較するとむしろ、男女・夫婦の間の社会的上下差が小さいところで見られることを説明してくれない。

また拙文「民俗としての性[23]」ですでに述べたのだが、伊豆諸島では、家族は継承家族の形態を取りながらも、イエの枠内での夫婦の結びつきが強い地域の一つである。このことが、夫に出産のみでなく月経のケガレもかかることが明白に示される次のような習俗を生んだのではないかと考える。

大間知によると、正月の時期に妻が月経になるとタビに出るのに、夫も一緒にタビに出てタヤにともに泊ったという。彼らが戸主と主婦であってもそれは変らず、このような場合は隠居した両親が主体となって正月行事をした。そして、正月十五日間は夫妻がタビから帰って来ても、また身体を洗い着物を着替えても妻の方は外ノ間までしか行けず、十五日にしめ飾りを除いてから初めて内ノ間に入ることができた。このような習慣は明治十五年頃まであり、大間知は「血忌みはその女性に最も近いその夫には、妻が如何に隔離の手段を講じても不可避的に影響を及ぼすものとする観念があった[24]」と述べている。

南西諸島における出産と月経をめぐる信仰

南西諸島においては、出産とは、魔につけ入られやすい危険な状況であるという考え方が強い。池間島ではお産のあった家を「シラヤー」「ファナスヤ」「アカツヤ」などという。シラヤーのシラは、出産のあと十日間産屋（シラヤー）で燃す木のことである。アカツヤのアカツは赤血の意味である。そしてアカツヤの家族やその家に見舞いに行った人は漁やカツオ工場には働きに出ない。

また、家を建てて三年以内の人はアカツヤへは入らない。もし、どうしても入らなければならない場合は、自宅へ帰らずによその家に泊る。アカツヤの入口には五寸（十五センチ）位の木を十字に組んでかけている。これを「アディ」または「アジ」という。「アジ」は魔除けのための木であるといわれる。このほか、十日間は親類の老女達が毎晩アカツヤへやって来て産婦の側に寝るが、これは「マズムス（悪い霊魂）」が入って来ないためだといい、そこで踊ったり歌ったりする。(25)

喜界ガ島でも、出産直後は魔につけ入られやすいという信仰がある。子供が生まれるとすぐに、母親が用いていた枕を庭に投げ出して悪魔を追い払うのだという。また赤児を寝かせた枕元の上方の屋根裏に棒切れか柴かをつきさすが、これを「イヤギィーをさす」という。イヤギィーをさすのは、一つには赤児が立派に育つようにと祈る意味と、悪魔に先を越されない呪《まじな》いでもあるらしい。(26) つまり、南西諸島では一般に、ケガレ観は汚なさ、不浄、カミへの不敬という要素よりも、危険、不安定、魔的なものにつけ入られやすい状態という要素が強いように思われる。

沖縄や奄美において、産屋に「アジ」「アディ」「イヤギィー」などと呼ばれる木を置き、それを魔除けとする習俗は、祝詞の中に見られる「辟木《さきき》」を想起させる。岡田重精は次のように指摘している。

『延喜式』祝詞の「大殿祭《おほとのほかひ》」の注記に、

今世産屋以㆓辟木・束稲㆒、置㆓於戸辺㆒、乃以㆑米散㆓屋中㆒之類也。(27)
（今の世産屋に辟木・束稲を戸の辺に置き、また米を屋中に散らすの類なり）

とあることから、辟木は木霊を、束稲が稲霊を象徴し、いずれも産屋を鎮め護る機能を担っているのであろう。その産屋の形は記紀に見られるような「無戸」の産屋ではなく、戸が設けられていて、そこには稲霊や辟木が置かれ、邪悪の霊が侵入しないように防ぎ、産屋を護るための儀礼的処置であったのだろう。

また、瞥見の禁忌を思い合わせると、やはり外界から遮断されるべき意味を持ち、さらには忌みの標示としての機能をも帯びるのであろう。屋内に米を撒くことについては、『釈日本紀』に「散米者、解二謝其罪一以レ米分散之義也」とあることから米が罪の祓除機能を持つことを考え合わせると、産屋に米を撒くのは鎮め祓いのためであろう、と述べている(28)。

産屋で火を燃し続けることについては後の第四節「火とケガレ」において述べるが、火というものが「魔」に対抗しうる力を持つもの、危険な状態を元へ戻し、人間世界のバランスを保つ力となりうるもの、さらには人間の文化の象徴であるという認識の一つの現われではないかと考えられる。

ところで、南西諸島でいう「魔」とは具体的には何を指すのであろうか。池間島で、老女達が魔につけ入られないために産婦の側で歌ったり踊ったりする習俗は、かつて死体の側で飲食し歌舞したという南西諸島におけるモガリの儀礼に似ている。これは第一節の「死のケガレと飢餓」の項においても述べたように、死者を慰めることのほかに、死体に魔がつかないようにとの呪的儀礼ではなかったのか。毎夜彼女達が来て魔につけ入られないように産婦の側で寝るということも、毎夜、遺族が来て死体の側で歌舞飲食したことも同一の観念から出た習俗ではないのか。

南西諸島での「魔」が具体的に意味するものは、目には見えないが妖怪や悪魔のような存在で、死に代表されるような不幸をもたらすもの、ないしはその不幸が起ること の予兆をもたらすものであると考えられる次のような事例がある。

(1)　明治二十年代に吉満義志信《よしみつよしのぶ》が著した『徳之島事情』(29)によれば、徳之島面縄間切、西目間切地方では「トリマジ（鳥迷）」という習俗がある。屋内に山鳥が入って来た時にはその年の内に家に不吉なことが起ると言い、家族全員が日を選んで、海浜のそれも洞窟などの陰に出かけ一日中さまざまな御馳走を作って食べ、遊び（歌舞して）、そこで一泊して、翌日まるで他人が入って来たかのように家へ戻り、その折家の内がすっかり改まり新しくなったかのような感じを持てば、その年の凶事をのがれることができるといった(30)。

島袋源七の「山原の土俗」にも似た習俗が述べられている。屋内に目白、ふくろう、とかげなどが入って来たり、小鳥が異常な行動をすると不幸の前兆あるいは神の祟りだといい、浜おりをする。三日間はその家の屋根が見えない所へ行って泊まる。その間親類は炊き出しをしてその家の人々に与え、彼らは夜になると三味線を弾いて踊り狂う。三日目の晩には、槍や棒を持った人が先頭になり、次に三味線弾きが続き、踊りながら行列して帰る。門まで来ると槍持ちと棒持ちとが闘う。門を開いて屋敷内でもう一度闘う。そしてさらに夜がふけるまで踊り狂う。その三日間は魔が来ているといって誰もその家に入ることはない。邪悪な魔ものが来て去ったかどうか占うため、家を離れる時に台所のかまどの中に灰を盛り、それに鍋を伏せて被せて置く。もし凸凹や手足の跡が残されていると悪魔が来たのだという[31]。

(2) 南西諸島では今でも「魔除け」と称して、ススキを束にしたものを用いる。佐《さ》喜《き》真《ま》興英《こうえい》の、沖縄本島宜野湾市周辺の民俗について記した「シマの話」によると、八月十一日をシバサシといい、家々では桑の枝とススキを家の四隅や門口にさした。その日以降は妖怪や凶兆が現われなくなるが、その直前の八月六、七日から十日頃までは妖怪の出る時期で、またその後何かの厄災が起る家ではその凶兆が現われる日であると信じられていた。そこで家々では爆竹を鳴らして妖怪を退け、また島の青年は数ヵ所の高い木の上に桟敷を作り、その上に上って凶兆を観察した[32]。ススキはまた清めのためにも用いられる。このことから、シバサシの行事は、この時期を境として次の新たな時の流れが始まり、清められた時の始まりとみなすことができる。

このように、ある現象を凶兆とみなし、それが予告するところの凶事がいまだ起らなくても、凶兆の出現はすなわちケガレの状態であるとみなす。その状態を変える、つまりケガレを取り除き清めることによって、凶兆を取り消し、将来起る凶事を予防しようとするのである。

ケガレの状態が危険を招くという観念は、少なくとも南西諸島では明白でありかつ直接的で、その状態がすでに将来起る不幸の予告であり予兆であるというのである。そこではカミとの関係はきわめて希薄であり、ケガレを「神の嫌うところのもの」とし、ケガレの状態がカミを怒らせ結果として不幸を招くという、つまり、ハレ観念でケガレを説明する考え方はない。

佐喜真興英は「浜おりの祓い」を次のように述べている。凶兆はいろいろあったが、「浜おり」をしなければならないほどのもの（深刻なもの）は野生鳥が仏間に侵入することであった。家族全員が親類の者と一緒に浜へおりて海岸で遊び、翌朝帰宅した。家族の不在中、島（シマ）の人々は棒で家屋敷の隅々までたたき、叫び狂って邪悪を追いはらい家族が戻って来るのを待った。家族は清められた家屋敷に戻って来るのであった。(33)「浜おりの祓い」というのは佐喜真の解釈の付与と思われるが、不幸や凶事の可能性の除去がすなわち「清まり」であるという考えは、ケガレはすなわち危険を招きやすい状態であるという表裏一体の観念である。

岡田重精は、古典の中におけるモノイミの種類として三種類をあげているが、それは次の通りである。

(1) 積極的に聖化を志向するモノイミ＝斎戒。
(2) 穢れに触れて忌みにこもる状態。
(3) 偶発的な怪異現象を契機とし、災変が鬼魅や物怪と結び付き、災いが外界から侵入するのを防除するためのモノイミ。

前二者はその場や主体を畏るべきものとして戒慎するのに対し、(3)に当るものは外界に畏るべきものがあるのであり、他二種とは質的に異なるという[34]。しかし、南西諸島の事例は、むしろ、予兆を与えられることがすでにケガレであり、それに対してモノイミという行為が行なわれていると言えよう。出産や死自体がすでにケガレであるのに、その状態がまた新たなケガレ（凶事）を招くから、その状態（出産直後や服喪中）から即刻抜け出すことは不可能であっても、最低限度、新たな凶事（ないし危機）を招かないように行なわれるのが「魔除け」のさまざまの儀礼であると考えることができる。

死のケガレと出産・月経のケガレ

不浄性を「ヒ」と呼び、それを死にも月経や出産にも用いて「ヒがかかる」などということは、死や月経・出産に伴う状況を共通したもの、同類のものとする認識を示すと考えられる。

三宅島の場合、死の喪に服す場合、「カドヤ」と称する小屋にこもった。ところが同じ小屋が産婦（三十日間）にも月経中の女性（七日間）にも使われたのである。牧田茂の論文(35)では、同じ時期にこれらの人々が一緒に泊る場合、相互に何らかの忌禁が課せられているかどうか明らかではないが、いずれにせよ、同じ小屋が使用されていることは注目される。

しかし一方で、死と月経・出産のケガレを異質のものとして認識していると思われるものに鑪《たたら》に関する習俗がある。石塚尊俊の報告によると、山陰地方のタタラの間には月経・出産をケガレとみなし、月経中の女性は一週間タタラへ働きに出ることができない。出産の場合は、産婦は三十三日間、産婦の夫は、生まれた子が女の子であれば三日間（所によっては五日間あるいは七日間）、男の子であれば五日間（所によっては三日間）タタラへ入れなかった。安芸山県《やまがた》郡戸河内《とがうち》村のように仕事場へ女性をまったく入れない地方もあり、女性はケガレであり、仕事の障害になるという考え方は山陰のタタラが存在する地方では一般的であった。天明四年（一七八四）に書かれた下原重仲《しもはらしげなか》の『鉄山秘書』には、

月水有穢女ハ、七日ガ間不入鑪内、子ヲ産タル女ハ三十三日不入鑪、其夫ハ一七日ガ間不入、産後ノ女ト同火不喰事三十日。

とある。したがって、遅くとも十八世紀後半には月経・出産をケガレとし、そのケガレは出産の場合には夫にまで及び、またそのケガレがタタラへ持ち込まれれば、鉄がわかない（温度が上がらず溶けない）、炭がつまるなどの不都合が生じると信じられていた。

一方、鉄がわかない時には次のようなことを行なうとよいと言われ、実行されてもいた。

(1)　死体を炉の四本柱にくくりつける。

(2)　炭を焼く時、棺桶の木切れを海岸から拾って来てくべると具合いがよくなる。
(3)　死人を背負って歩く。
(4)　葬式の際、棺桶をかついでタタラの周囲を歩いてもらう。
(5)　タタラの仕事頭であるムラゲは、死人が出たという話を誰かがすると、その話を根掘り葉掘り聞いた。それによってタタラが具合いよくなると考えられていたらしい。
(6)　タタラの守り神である金屋子《かなやこ》神社の本殿の下にはかめが埋めてあり、その中には昔のムラゲの骨が入れてあるという伝承がある。

このような習俗が以前にも存在し、信仰があったことは文政七年（一八二四）に記された石田春律《はるのり》の『金屋子縁起抄』にも見られることから明らかである。

さらに石塚は、金屋子は女神であると信じられているのに女性を忌むことについて次のように解釈している。

神が女性であるということは、実はその神を祀る者が女性であるということであり、船霊の場合「船玉ささぎ」という女性が船霊祭祀を行なっていたように、金屋子神の場合は鑪《たたら》ヲナリが祀り主であった。ただし、現在神が女性を嫌うのは理由が明らかでないという。金屋子神が死体を好むというのは、火の神が死体を好む、ないしは火の神と死との間には深い関係があるという信仰と係わるであろうという。[36]

タタラに月経・出産のケガレがかかると仕事に障害が起るという信仰は、ケガレが危険や凶事を招きやすい状況であるという認識から来ているのであろう。屋久島でも、ある人が精米機を据えたがどうしても動いてくれない。それは「何かケガレがあるためだろう」と人に言われたので、清めをした。すると機械が動き始めたという話を宮本常一が報告している。[37]

タタラと死体をめぐる信仰に似たものは壱岐島の勝本浦においてみられる。一般にケガレは不漁や遭難を危険をもたらすものとして、月経・出産のケガレが海へ持ち込まれることを忌む。しかし、海上に漂う水死体は「おえべっさん」と称し、豊漁をもたらすものとして拾い上げてまつる。天草でも水死体を拾うと豊漁であるという。私はかつて「水死体をエビス神として祀る信仰――その意味と解釈」[38]という拙文でこの問題を論じた。壱岐島の場合も天草の場合も、陸上での通常の死が海へ持ち込まれるのを忌み、海を漂う水死体のみを福をもたらす「えびす」と同一視するのである。重要なことはおそらくこの点にあると考えられる。

月経・妊娠・出産のケガレと死のケガレとの関係を考えるうえで次のような資料は

注意を引く。いずれも「二重の穢れ」を特殊視することから生じた習俗である。

　栃木県芳賀郡茂木町の場合、お産で死ぬと「お産の赤ぶくと死の黒ぶくとの二重の穢れがあり」、普通の死者より成仏しにくいと考えられ、次の方法で流れ灌頂《かんじょう》を行なう。川に四尺四方（百二十センチ四方）くらいの広さに竹の柱を四本立て、それに白の晒木綿《さらし》を吊す。所によってはそれが赤木綿である。側に長柄の柄杓を置いて、家族の者はもちろん、側を通りかかった人にも水をかけてもらう(39)。流れ灌頂はその外、水死人や変死者、自殺者、事故死者、成人する前に死んだ者の霊に対して行ない、それは成仏しにくいからだと言うのは日本各地で広く見られる習俗である。また特定の病気をケガレ視することから次のような習俗が存在する。

　茨城県ではかつてハンセン病を天刑病と呼び、この病気や結核で死亡した者を金鍋や土鍋を被せて埋葬した例がある。なお県下で広く見られたのは、これらの病気で死亡した人を一般の墓地には埋葬せず、山野に埋めたという伝承である(40)。それが実際に行なわれたかどうかは別として、ハンセン病や結核は特別の病気であるとするかつての認識を示すものであろう。

　茨城県ではまた、盆の期間に死んだり、新しく村へ移り住んだ人が亡くなると、それらの人に土鍋、金鍋、すり鉢、焙烙《ほうろく》を被せて埋葬し、これを「鍋被り」「カナゴッパ」と呼んだ。[41] 神奈川県川崎市宮前町や多摩区では、盆前の死者にはすり鉢を被せて葬る。これについて人々は、お盆さまが向こうから来る日にこちらから死人が行くと、お盆さまに叩かれるからだと言う。[42] 津久井郡城山町小倉では、身体に障害のある子が死んだ場合、棺にすり鉢を被せて葬る。

これらの習俗から次のことが言える。

(1) 妊娠中や出産中の死は自殺や水死と同じく異常な死であるとみなされている。それは、先の茂木町の人々の側からの説明のように、産と死の二重のケガレ、ケガレの重複が見られる死という意味でもあり、また胎内の子を道連れにした、同時に二人の死の発生という意味でもある。私が調査した大分県日田郡の場合でも、妊娠中の死体を、左鎌で腹を裂き、子供と別にして埋葬した。

ケガレの重複を忌むという信仰は、同じ家の中に二人の女性が同時に妊娠したり、家畜と人が同時期に妊娠することを忌み、人の場合はどちらか一人が別の家に移り、家畜は他家に預けたりすることにも見出せる。

(2) 第三節中の「病気とケガレ」の項で述べるように、病気はケガレの状態であるという認識があるうえ、ハンセン病や結核は特殊な病気とみなされ、「悪病」「天刑病」などと呼ばれた。これは罪としての病気という考え方がかつて存在したことを示し、これらの病気で死んだ場合、罪・病気・死という三つのケガレが重なった、ケガレの重複とする認識があり、それが特殊な埋葬法をとる理由の一つであると考えられる。

(3)　新しく他村から移り住んだ者、あるいは漂泊者を特別視する信仰は、吉田禎吾の「よそ者・来訪者の観念」に詳しく分析されているが、そのような者の死もまた特別視される。これは第三章第一節の「空間の認識におけるハレ・ケ・ケガレ」において述べるように、空間領域を越える行為やその境界上に存在するものは神聖視されることもあるが、しばしばケガレ視されるのであり、移住して間もない者はかつてケガレ視され、その人の死はケガレの重複と考えられた。

(4)　同じく、盆や正月に死ぬ者は、盆や正月という時の流れに区切りをつける期間、つまり時間的な境界領域で死ぬのであり、第三章第二節の「時間の認識におけるハレ・ケ・ケガレと年中行事再考」において述べるように、ケガレの重複を生じるという認識がある。栃木県芳賀郡のように、盆の日に死者が出ると、死体の頭にすり鉢か白地の鉢（陽で乾燥させただけで焼いてない鉢）を被せて葬るのを、「盆の日には祖霊が帰って来る。盆に死んだ人の霊はその霊に出会って頭を叩かれるのでそれを防ぐため[43]」という人々の側からの説明はあるが、一つにはやはり境界領域における異常な死ということであろう。

(5)鍋や鉢を頭に被るということに呪的な意味があり、また、鍋や鉢あるいは焙烙にはそれ自身呪的な意味があるらしい。茨城県では四十二歳の厄祓いでは、焙烙を高い所から投げ落して割る儀礼があるし、疱瘡《ほうそう》が流行した時や頭痛や目まいがする時に鍋や焙烙を被ったりする。[44] 焙烙を落して割るのは、先に岡田重精の指摘した、ケガレをそれに付けて祓うアガチコと呼ばれる土器を想起させる。また、死者の葬列が出てすぐ、その死者が使用した茶碗や湯飲みを割る習俗と同じく、それにケガレを付けて祓い去る儀礼なのであろう。一方、鉢や鍋を頭に被るのは、その者が特殊で異常な立場や状態にあることを示す標示として用いられていると考えられる。狐を母とし、人間を父として生まれ、占師、陰陽師として知られた安倍晴明は鍋被りと言われたし、鉢かづきひめの話は、継母の呪いを受けた、いわばモノイミの状態の少女の話である。特殊な死をとげた人の頭に鉢や鍋をかぶせるのは、その死者が異常な状態にあることを示そうとするのである。

以上のように、ケガレをもたらす原因は異なるが、そこには共通した認識を見出すことができる。しかし、妊婦が葬式に何かの形でたずさわることを禁忌とする習俗が広く見出せるのは、ケガレの二重性を忌むとも受け取られるが、死と、出産や妊娠のケガレを異質のものと考えていることの表われであると解釈することもできる。先のタタラの習俗と併せて今後も考えてみたい。

月経をめぐるその他の問題

月経を不浄視する認識やそれをめぐる習俗にはまだわからない問題が多く残されている。それは事象が複雑であることのほかに、資料が得にくいためや、資料が不完全であったり資料の数が足りないことにもよる。この項ではいくつかの疑問について述べてみる。

岡田重精は、古代の資料から、月経をめぐる認識には次のような変遷が見られるという。

記紀のヤマトタケルノミコトとミヤズヒメの話に、ミコトがヒメの裳裾に月経が付いているのを見て歌の応酬を行なう。つまり、ミコトはそれを気にするが、ヒメは「貴男を待ちこがれて月経が始まったのだ」という旨のことを述べそれを気にせず、結局性交を行なう。男性の側にはそれを忌憚する気持ちがあるが、女性の方にはないのであり、結局は、男性の方も月経中の女性を受け入れる。したがって月経の忌みはそれほど強くはない。

しかし、延喜年間の斎宮・斎院についての記事（『北山抄』中、延喜十四年の項）には、斎王に月事のある場合には祭儀にあずからず、幣物さえ祓い棄てるとある。『延喜式』の臨時祭の項では、宮女の懐妊と月経とは、祭日の前に宮中を退下し、三月、九月の潔斎にはその以前に退出することが定められている。

平安期の文芸作品では、『宇津保物語』ではこれを「穢」と記し、『蜻蛉日記』では「けがれ」「不浄のこと」「れいのつつしむべきこと」と表現している。『落窪物語』には、「俄《にわか》にけがれ侍ぬ」ゆえ、石山詣でを中止するという記述がある。『玉葉』には、「神事之趣条々」に、

月水女忌事――七ケ日以後自㆓初日㆒計之　沐浴了可㆓参入㆒、若尚有㆓其事㆒者、血止後過㆓三ケ日㆒可㆓参入㆒、云々。

とあり、七日間は参内を忌むことが一般であったことがわかる。[45]「月事はその現象が明らかであり、ことにその穢が転移しない状況のもとでは自然的な閉居だけで問題はなく、祭事にかかわるような事態にのみとり立てられ、やがてほかの穢と同調して忌の期が問題にされるようになったものであろう[46]」と岡田は述べている。

月経のケガレ観の変遷は、女性と祭祀との関係の変遷と深く係わっていると考えられる。月経をケガレとし、女性司祭が月経になって、準備した幣物も穢れたものとみなして祓い去るようになれば、祭儀が大がかりで、準備される物も人も大規模になった場合には、女性司祭の月経の開始によって祭儀が中止されたり延期されると経済的な損失は大きくなる。祭儀が組織化されればされるほど、それによって受ける影響は大きい。そのことと、斎宮を初め、女性司祭制度は廃止の方向へ向かったこととは軌を一にすると推測される。それではなぜ、女性の月経が不浄視される傾向が強められたのであろうか。

女性司祭制度が今日でも存在する南西諸島の場合、月経を不浄視する傾向は弱い。あるいは不浄視しているかどうかも明確ではない。池間島の場合、村の神まつりは「ツカサ」と呼ばれる女性司祭によって行なわれるが、ツカサは五十一歳以上の女性から選ばれるのに、中には月経が閉経していない者も含まれる。しかし、それを人々は不都合とは考えない(47)。その事情は奄美でも同様である。若い少女がノロに選ばれ、十年以上「ウヤノロ」に就任していた名瀬市大熊《だいくま》の場合も、ウヤノロの月経と祭りの執行は関係なかった。私が会ったユタは、ユタの祭りは月経とは関係ない、しかし、成巫式のような場合、月経中であると何かしら不都合が起きて延期されると述べた。

明らかでない。しかし、インタヴューしたユタの数が少なく、一般的にはどのようであるかはいまだ

月経そのものをケガレとする地方がある一方で、月経中の女性をケガレとはせず、「月経血を他人、特に男性が見る」ことこそをケガレとする考えもあるのではないかと思わせる事例がある。

河内国瀧畑《たきはた》では、女は月経があると「シケル」からと言って座り仕事をあまりさせず、山へ行く時はつめをしてふんどしをして出かけた。「男に血を見せてはならない」と言った。ここでは次のような伝説がある。

住吉の巫女が月のさわりのあるのに気づかず、血を付けたままで御殿へ行こうとしているのを主人に見られた。（罰として）太鼓を持たされ、住吉の安立島から流された。それで流れ着いたのが紀州加太の淡島で、そこで祀られたのだという。(48)

つまり、月経という生理現象というより、それを特に男性に見られるとケガレが生じるという認識が見られる。それは岡田重精の指摘する「瞥見の禁忌」とでも言えるかも知れない。

この視点から、先のヤマトタケルノミコトとミヤズヒメの話を見ると、ミヤズヒメとの御合いの後、ヤマトタケルは間もなく病を得て死ぬ。この死の原因は、一つには

オバが与えた守護のためのクサナギノ剣をミヤズヒメの許に残して出かけたためとも思われるが、いま一つにはタブーとされる女性の月経血を見、その女性と性交を持ったゆえとも考えられる。

明白に月経の記述とは言えないが、雄略帝が長谷のたくさん枝がしげった槻《つき》の木（ケヤキ）の下で宴会をした時に、三重の采女《うねめ》が盃をたてまつった。ところがその中に槻の木の葉が落ちていたのを見つけ、雄略帝はこれを怒り、殺そうとした。谷川健一は「槻の小屋」の論文の中で、「これも折口流に解すれば（折口は、月経の場合槻の木の側に立つ小屋に高級巫女はこもった、と述べている――波平注）、槻の葉がサカズキに浮いていたというのは、三重の采女が、当時、月経の期間にあったことを意味するのであろう。槻の木の葉が落ちたというのは、月経の血のしたたりを暗示する」[49]と述べている。

いずれにしろ、月経とケガレの問題の分析は今後の課題である。

注

（1）一九八一年。

（2）文保二年（一三一八）に伊勢外宮の禰宜によって著わされたもので、服忌令に注解を加えたもの。

（3）永正十年（一五一三）にできあがった伊勢太神宮の服忌令の注解釈書。
（4）岡田重精、一九八二年、三一七—三二八頁。
（5）波平、一九七六年。
（6）創元社。
（7）「まえがき」1—Ⅱ頁。三五、五六、一四五—一四六、一九六—一九七頁、二七〇頁。
（8）前掲書、六—一一頁。
（9）前掲書、一四五頁。
（10）前掲書、一四六頁。
（11）前掲書、一九六—一九七頁。
（12）前掲書、二七〇頁。
（13）一九八三年。
（14）Young, F.W. & A.A. Bacdayan, 1965.
（15）桜田勝徳・山口和雄、一四九—一五〇頁。
（16）前掲書、一四七頁。
（17）建武二年（一三三五）より承応二年（一六五三）に及ぶ八丈島の最古の記録で、近藤富蔵の『八丈実記』に転載されている。
（18）大間知篤三、一九七八年、三四〇頁。
（19）第一巻、三一六頁。『八丈実記』は八丈島へ遠島の刑を受けた幕府役人の子、近藤富蔵が、文政十年から明治二十年（一八二七—一八八七）までの八丈島での生活に基づいて記した記録。古い記録の転載も含んでいる。
（20）『八丈実記、第一巻』、三一六頁。

(21) 大間知篤三、前掲書、三四三頁。
(22) 阿部謹也、一九七八年、四一—四三頁。
(23) 波平、一九八五年。
(24) 大間知篤三、前掲書、三四二頁。
(25) 野口武徳、一九七二年、二七八—二七九頁。
(26) 三井喜禎、二一頁。
(27) 『古事記・祝詞』、四一八—四一九頁。
(28) 岡田重精、一九八二年。
(29) 一九六四年。
(30) 前掲書、二八頁。
(31) 島袋源七、三三二頁。
(32) 佐喜真興英、一五九頁。
(33) 前掲書、一五二頁。
(34) 岡田重精、四〇五—四〇六頁。
(35) 牧田茂、一九五八年。
(36) 石塚尊俊、一九四七年。
(37) 宮本常一、一九七三年(b)、八一一—八一二頁。
(38) 波平、一九七八年(b)。
(39) 池田秀夫他、六七頁。
(40) 前掲書、九四頁。
(41) 前掲書、九五頁。

(42) 前掲書、三〇二頁。
(43) 前掲書、六八頁。
(44) 前掲書、九六頁。
(45) 岡田重精、三三一―三三四頁。
(46) 前掲書、三三四頁。
(47) 野口武徳、前掲書、二一八頁。
(48) 宮本常一、一九七三年(a)、二一六頁。
(49) 谷川健一、一九八一年、三三頁。

第三節　罪とケガレ・病とケガレ・その他

死と月経・出産は、「黒不浄」「赤不浄」と一般に称されるように、日本人のケガレ観念がより明白に示される領域であり、ケガレの観念を示す習俗がよく発達してもいる。しかし、ケガレとみなされるのは死や月経・出産のみではなく、本節で以下に記すようにさまざまな状況や物や現象がケガレとして認識されている。

罪とケガレ

罪をケガレとみなす観念は古事記の次の記事に見られる。つまり、仲哀天皇が亡くなった時、「生剝、逆剝、阿離、溝埋、屎戸、上通下通婚、馬婚、牛婚、鶏婚の罪の類を種種求ぎて、国の大祓を為て」とあり、死のケガレを祓《はら》うのに、罪の類の種種を祓い去る儀礼を行なうというのである。これには二種類の認識が見出される。

⑴　罪によって死が生じたのであるから、犯した罪を死のケガレとともに祓い去らなければならない。つまり、罪はケガレの原因である。

⑵　死もまた一つの罪であり、したがって、他の罪とともに祓い去らなければなら

ない。

仲哀天皇の死は、神の言葉を否定し無視しようとしたため罰として下された死としての意味が強いので、その罪を他の罪と一緒に祓い去ろうとする第一の意味が強い。自分が罪を犯さなくても、罪やその処罰に何らかの係わりを持つと、それによってケガレが生じるという考えが『貞観儀礼』に見られる。斎戒の制度には、先に記したように、喪中にある人や病人を訪れること、肉を食べることと並んで、「不判刑殺」「不決罰罪人」とあり、罪を判じ、罰を決することはハレの状況に反するものとみなされていた。(1)

また、刑罰を下すと、それによってケガレの状況が生じ、したがって忌みごもりの状態になるべきことを規定していると思われる記述が『令義解』に見られる。「獄令」の項には「其レ京国ニ決セム囚ヲ日ニハ雅楽寮停ニメヨ音楽ヲ一」というのがそれである。(2)

岡田重精は、青木紀元《きげん》の『日本神話の基礎的研究』（風間書房、一九七〇年刊）にさらに論議を加え、罪と穢れとの関係について次のように言う。

『古事記伝』において本居宣長《もとおりのりなが》は「穢は即罪なり、罪は即穢」（巻九）と言い、罪＝穢という解釈に立っている。しかし、大祓祝詞に見られるように、

(1)「罪」と「災」とは意識的に書き分けられていて、死穢には触れていない。

(2) 罪を祓除することを「祓」とし、そのためには贖罪の科、すなわち贖物を出させることが記されているのに、死の穢などを取り除く儀礼には「禊」をするだけで、何らの代償的なものは必要とされていない。「結局、罪と穢とはきわめて密接な関係にあり、罪穢と熟して用いられる場合も多く、その浄化儀礼である祓と禊についても同じような関係をみることができる。けれども依然両者は理念的に区別されるというべきで（ある）」。穢は「社会的集団」の中で自然的に発生する事象といってよく、罪が有意的に犯される行為であるのとは異質であるとしなければならない。

しかし、「(罪・穢は) 社会集団の規範や秩序を乱す危険な事象いいかえれば不浄な超越的危険力である点において共通の性格をもつ」。災いも不浄のこととされるが、罪穢がいわば社会集団の体制の内部に生起する現象であるのに対して、鳥獣昆虫の災、天災、地異、荒ぶる神、夜刀神、石神などのもたらす災などは社会集団の外であったり、体制の周辺にあって人間の社会に混乱や危険をもたらすものである[3]。

以上の岡田の論議を整理すれば次のようになるであろう。

不浄（ケガレ）
- 穢—自然発生的な不浄（死など）
- 罪—有意図的に犯される行為によって生じる不浄
  （穢・罪）人間の共同体内部で生じる現象
- 災—天災、地変など、人間が係わらない不浄——人間の共同体の外で生じる現象

岡田の以上のような不浄（波平の用語ではほぼケガレに当る）観の分類と整理は、さらに論議をすすめるうえでは便利である。しかし、この三種類の不浄が、記紀でまったく別種のものと考えられていたとも言いがたい。

例えば、軽太子《かるのひつぎのみこ》とその同父同母の妹軽大郎女《かるのおほのいらつめ》との性関係を、『古事記』も『日本書紀』も「たはけ」と言っている。記紀における「たはけ」は間違った性的関係として用いられている語であり、「罪」である。それに対し、記にはその記述はないが、紀の中には軽太子が「罪有らむことを畏りて黙《もだ》あり」との記述があって、母を同じくする兄妹の関係を「罪」とし、またその罪が犯された結果、夏の六月というのに御膳の汁が氷るという異変が起った、と記されている。

正確には、以上の異変が起ったので占わせたところ「内の乱有り。蓋《けだ》し親親《はらからどち》相奸《たは》けたるか」と卜者が言い[4]、その折も折、二人の関係を告げる人がいて、軽大郎女は伊予へ流されるのである。神功皇后紀にも、長い間昼が夜のように暗いという状態が続

く。そこで皇后が問わせると「阿豆那比《あづなひ》の罪らしい」と言う人がいて、噂に同性愛の関係があったという二人の祝《はふり》の墓を開いてみると、二人がともに同じ墓に埋められている。これは一方が死んだのを泣き悲しんであと追い自殺をしたための処置であったが、そこで別々に埋葬しなおすと陽がかがやき始めた(5)とある。

いずれの例も、天災地変が起った時、その原因を人間が犯した罪に求めているのである。自然界の秩序の乱れと、人間世界の秩序の乱れとが相互に影響し合うものとみなす認識が生じたことを示している。

斎宮の祭儀の記録である『太神宮諸雑事記』の神亀六年（七二九）の項には天災地変が起ったので占わせてみると、祭儀のための行列が通る道に死骸があったのだが、そのまま祭儀が行なわれた。その結果、斎戒の忌みを犯したことがその災いの原因であったことが明らかになったと記されている。死骸がころがっているというような当時としてはありふれた出来事を天災の原因とするのは、死のケガレを重視し、ケガレが災いをもたらすという認識が成立したことを示す。災いが起った時、その原因を死と罪という二種の不浄に求め、その間に因果関係を見ようとする認識である。

ところで仲哀天皇の死は、神の意向を無視するという罪を犯した結果と思われる。つまり罪が穢れの原因とされるのである。この関係を図示すると次頁のようになる。

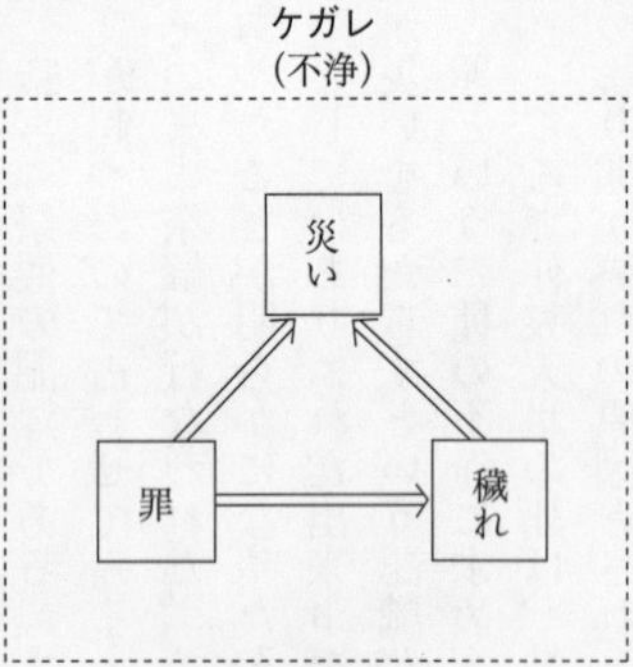

災い・罪・穢れ

天災地変や火事などの災いは自然界の秩序の乱れであるが、それはまた人間の生活を脅かし社会的秩序に混乱をもたらす。支配権を持つ者にとっての脅威は、社会的秩序への違反である罪と、社会的秩序の原因となる災いである。斎戒の規則の成立やケガレとされるものの拡大は、支配者や支配権の成立と強い関係があるという説はこのことを意味するのであろう。支配者にとって、天災を放置することはできない。その原因を説明する論理を持つことによってのみ、ようやく天災をコントロールすることができるのであり、支配権が崩壊するのを防ぐことができる。なぜなら、伝統的社会で普遍的であるところの政治的権威は、人間社会にのみ及ぶのではなく、自然界にも神の世界にも及ばなければならないとの認識が古代日本にも存在したであろうからだ。

罪を犯した場合、それに対して「贖《あがな》い」を科する記述が『日本書紀』の雄略帝紀に見られる。

⑴ 雄略紀中、安康三年に眉輪王《まよわのおおきみ》と坂合黒彦皇子《さかあひのくろひこのみこ》とが反逆の疑いをかけられて

雄略帝に追われ、円大臣《つぶらのおほおみ》の宅へ逃げ込む。帝は兵に大臣の宅を取り囲ませ攻めようとした時、大臣は出て来て帝の前で「伏して願はくは、大王《きみ》、臣《やつこ》が女《むすめ》韓媛《からひめ》と葛城《かづらき》の宅七区《いへななところ》とを奉献《たてまつ》りて、罪《しぬるつみ》を贖《あか》はむことを請《うけたまは》らむ」と言う。しかし天皇は許さず、結局宅に火を付け、大臣と自分の二人の兄達を殺してしまう。[6]

(2) 雄略帝十年に、二人の使者が呉《くれ》が献《たてまつ》った二羽のガチョウを持って筑紫まで来たところ、水間君《みぬまのきみ》の犬に喰われて死んでしまった。水間君は恐れ悩んで、自ら天皇に「鴻十《かりと》隻《を》と鳥養人《とりかひ》とを献りて、罪《つみ》を贖《あか》ふことを請《まう》す」。天皇はこれを許した。[7]

(3) 十三年、歯田根命《はたねのみこと》が秘かに采女の山辺小嶋子《やまのべのこしまこ》を姦した。天皇はそれを知り歯田根命を捕えるが、歯田根命は「馬八匹《うまやつぎ》・大刀八口《たちやつ》を以て、罪過《つみ》を祓除《はら》ふ[8]」とある。

以上のことから、罪、それも宗教的な罪や天皇の神聖性・権威をおかすというような罪に対しては、その罪の祓料としての贖いを要求していることがわかる。つまり、贖いは、その罪によって生じたケガレを祓うためのもので、罪に対して身体的・社会的な処罰だけではなく経済的処罰を行なうことでもある。

岡田の『古代の斎忌』によると、延暦二十年の太政官符には、大上中下の四段階にわたる科祓を規定し、またその禁制事項をそれぞれの段階に応じて記している。[9] それについて岡田重精は次のように述べている。

大祓詞や仲哀記そのほかにみたさまざまの罪科的行為は、贖物を伴う祓儀礼によって浄化されるべきものであったが、律令制のもとでそれらの多くは律すなわち法的領域に移されて処罰の対象とされるようになる。しかし、祭祀にかかわる罪科的行為に対しては依然、料物をさし出させる在来の儀礼が賦課されている。[10]

民俗の中で、今日見られたり、伝承として聞き取りができる範囲で、罪とケガレそしてそれに対する祓料というような関係が、古代におけるような形では見られない。しかし、葬式の時、所によっては葬式の講組が食物を持ち寄ることもあるが、多くの場合は喪家の負担となっている。かつてのように、農家の貯えの乏しい時代に米を数斗も時には一俵以上も炊き、野菜をありたけ使って儀式のおときを作ることは、ほとんどの家にとって大きな負担であった。

神奈川県平塚馬入では「ナベップセ」と呼ばれる習俗がある。これはムラの中に何か祝儀、不祝儀があると、自分の家の鍋を伏せて当事者の家へ行き、そこで飲食をする習俗である。そのため、特に喪家の出費は大変なものであったという。[11] このような事情を井之口章次は次のようにまとめている。

村なり、部落なりの結束が一段と強まり、しかもはなばなしい葬式でもするような場合には、村中・部落中の人が出てきて手伝い、宿で食事をすることになる。それをやや大げさな表現で、鍋どめ・煙たやし・火焚かずなどと呼んでいる。個々の家では炊事の必要がなくなるのである。こうして葬式というものが、喪家の悲しむべきできごとであるにかかわらず、ほとんど村人の管轄に移って、米俵が垣根を飛び越えるとか、死人の大食いといわれるほどに、はなばなしい村中の浪費生活の機会となっていったのである。[12]

筆者ら（上田将・丸山孝一・上田冨士子・波平）が昭和四十年代初めに、大分県東部の農山村で調査をした時、ムラの人々は次のように述べた。死者や喪家がそのムラ内で評判の悪い人の場合には、通常の葬式より大目に喪家の米を炊きおかずを作り、米や野菜を大量に消費するという。喪家では、そのムラ内での葬式の消費量が一般にどの位であるか大体わかっているのであるから、自分の家ではそれよりはるかに多いことを知ると、自分の家ないしは死者のムラ内での評価が低いこと、評判が悪いことを知り、以降ムラ内での付き合いに気をつけるという。

葬式における喪家の大きな消費が行なわれることには次のような意味があると考えられる。

(1) 民俗学でしばしば指摘されてきた、単調な生活に彩りを添える、変化をもたせる行為であり、ケの生活にハレ（民俗学ではケガレもハレに含まれる）の時間を取り込むうえで、食物の大規模な消費は何よりも効果的である。

(2) 村落生活において欠くことのできない相互扶助の関係を確認し補強するうえで、遺族がとりしきることのできない葬式は、他家にその執行を委ねなければならず、村八分の八分の内には含まれない最重要の相互扶助の項目である。したがって、葬式に際しての会食・共食はさまざまの点で村落生活の人間関係において重要な役割を果す。

(3) 死はケガレであり、自分の家から死人を出すことは、村落内にケガレを及ぼすことになる。葬式において食物の大量消費が、しかも喪家はそれに口出しできず、もっぱら他家がそれを管轄する形で、行なわれることは、喪家の出費はケガレを及ぼした罪科に対する贖い、祓料としての意味を持つ。食物がケガレを祓う意味で用いられていることは、第一節で述べた通りである。

なお、伊豆諸島は月経をケガレとする認識の強い地域であるが、三宅島では女子の初潮を「ハツヨゴレ」あるいは「ハツカド」といい、ムラ中にそれを披露し、親戚中を招き大騒ぎし、また若衆には御馳走を届けた。青ガ島では「ハツタビ」といい、初めてのタビ（月経小屋にこもること）が終わると「アビ祝い」があり、この際には若衆に御馳走し、草履や手拭いを贈った(13)。この際若者からも娘の家に贈物がある。この習俗には一つには、筆者が以前拙文「月経と豊饒」や「民俗としての性」の中で論じたように、女性の性に係わる事柄をムラの管轄に組み込むという意味がある。いま一つには、月経のケガレの祓料としての親類や若者への御馳走や贈物としての意味があるとも考えられる。

罪・ケガレ祓いと動物供犠

罪・ケガレと贖い、あるいは祓料との関係を示す習俗に奄美大島の宇検《うけん》村阿室《あむろ》の「モーゴロ牛」というものがある。

高橋一郎の論文「阿室の火の神祭り――モーバレイとモーゴロ牛」によると次の通りである(14)。大正五年にこのムラでは一戸を残してすべての家が焼失した。その後始末が終わった頃「モーゴロ牛」が行なわれた。この火事の出火の原因を作った子供は自宅の床下に隠れて焼死した。そのため母親がその子の代りに、風呂敷を頭から被り、モーゴロ牛を集落の上から下へと引き回し、海岸へと引いて行った。その道筋には若者達を中心に棒を持った人々が立ち、通るモーゴロ牛を叩き、倒れるまで叩きつけた。そのため海岸にたどり着いた時は牛はほとんど死にかけていた。この牛は阿室のムラが買い上げたもので、海岸で解体されてムラの全員、生まれたばかりの赤ん坊にまで分配された。

この日は、この年に不幸のあった人、ハブアタリ（ハブにかまれること）をした人、赤不浄の人、お産のあった人、死者の棺の先棒をかついだ人など、つまりケガレの状態にある人は全員夜の明けない内にムラを出て、日が暮れるまでムラへ立ち入りを許されなかった。他集落へ通じる道には監視人が立ち、誰も立ち入らないようにして「部落を清めて」いったという。

なお、阿室ではキトゥアスビという儀礼があり、それはムラ内に火事、流行病、稲の不作、ヒジャマ（火の玉）が飛んだ時の祓いとしてその時々に行なわれた悪祓いのことである。また、十一月一日にかつて「モーバレイ」と呼ばれる行事があり、墓のモーヤ（喪屋）の屋根の葺きかえをし、そのあと悪祓いといって牛を殺した。江戸末期までは毎年牛殺しが行なわれていたが、やがて負担が大きいということで三年に一度、五年に一度というように少なくなり、やがて大正期に入るとモーヤの葺きかえも行なわれなくなった。

これらのことを考え合わせると、ムラ中の人に叩かれて殺された牛は、①失火の本人である子供を罰する代りに殺されたのであるし、②失火というケガレの発生に際して、そのケガレを付けて祓う贖物であったと言えよう。

名越左源太《なごやさげんた》が嘉永三年から安政二年（一八五〇—一八五五）までの奄美大島についての記した「南島雑話」には、「ユタが病気治療を行なうのに、『この病気はこれこれの障りがあり、この人を取り殺そうとしている。したがってブタを殺して身替りに立てれば病気は治るだろう』という。そこでブタを殺し、親類を招いて肉を振舞い、片方はユタに御礼として差し出す」とある。[15] 病気をブタにつけて、それを殺すことによって病人の身替りとし、また、病気というケガレの状態をブタによって祓うのである。

凶事が起きたと思われる時、徳之島の徳和瀬では小魚やカニなどを生きたまま穴に埋めて、人が死ぬことの身替りとするし、上面縄でもひよこを生きたまま穴に埋めるなどのことをし、「このひよこと家族とを取り替えて下さい」と祈る。[16] 現在ではカニや小魚あるいはひよこを用いるが、かつてはブタや山羊であったことが推測される。

宮古諸島の池間島では今なおブタが「贖物」として用いられている。池間島ではカミに関する行事をカミネガイというが、その内でも特にブタを殺してカミに供えるものを「ワーガンニガイ」という。一九六〇年代の野口武徳の調査によるとワーガンニガイは次のようなものである。

(1)村落関係

(イ)ヒダガンニガイ——昔、大きな漁船が転覆し、船頭が死んだ。以降このような事故が起らないようにと祈る。

(ロ)スマフサラ——カウルガマともいう。遭難者の漂着と、それに伴う疫病を防止する祈禱。ブタを殺し、その骨を縄に縛りつけ、村の入口に下げる。ウイバラ、東、中、西の四ヵ所にかける。ユークイマ（神人）達が「怪物出ろ」と叫びながら走り回る。ユークイマに見られるとその人は死ぬといって、他家の人は外へ出ない。

(2)カツオ漁業組合関係

(イ)ウヤカタニガイ——船主のための願い。

(ロ)ハジメニガイ——操業を始める時の祈禱。

(ハ)　六月ニガイ――リューキューニガイともいう。竜宮のカミのための祈禱。

(ニ)　オワリニガイ――漁期終了時の願い。

(3)個人関係

(イ)　トゥクヌカンニガイ――棟上げの時ブタを殺し、頭を玄関の前に埋め、四足は家の四隅に埋めて家の繁栄を願う。トゥクヌカンは屋敷神である。

(ロ)　ミーティガユーイ――家を作って三年目の祝い。

(ハ)　リューキューウサギ――竜宮の神に対する祈願で、①溺死者を発見した人、②死体を抱いた人、③溺れかかった人を助けた人、④海で遭難したが命が助かった人、⑤フカにおそわれ助かった人、⑥大きい災難にあったが命の助かった人、が行なう。

(ニ)　ヌツタイニガイ――重病をして治りかけた時行なう。病人の身替りとしてブタを殺す。

(ホ)　ヌウサギニガイ――重病人が治った時行なう[17]。

なお、野口武徳の他の論文「宮古島北部の社会と儀礼」によると、リューキューウサギの費用がなくブタを殺す費用がない時は、必ず遺言しておいて、孫の時代になってもよいから余裕ができたら必ずこの儀礼を行なわなければならない[18]という。

沖縄本島の宇嘉ではほとんどの死者は村落共同墓地に葬られるが、一九六〇年代においても次の者は村墓へは入れなかった。

(1) 幼児の夭逝者

(2) 変死者

(3) 葬儀に際してその遺族がブタ一頭を屠《ほふ》ることができない者[19]

(1)、(2)がともに、本土においてもケガレの強い死者として流れ灌頂の対象になる。(3)の場合は、ブタがケガレを祓う祓料であるとみなせば、死者のケガレは弱められず強いままであるから村墓へ入れられないと解釈できる。

南西諸島だけではなく、私が調査した大分県日田郡の山村の場合、一九七〇年代でも「カゼ（魔）除け」と称して、猪の足を二本ないし四本軒下の入口の真上に吊り下げている。この地域では祟りや憑きもの信仰が見られ、また山の神さえ祟る。狐が山の神の悪い方の使いであるのに対して、猪は山の神の善い方の使いで、人を助けると信じられており、その足を入口に下げて、家の中へ邪悪のものが入らないようにとのまじないであるといっている。これは、猪を祓料とすることの一つの形であろうと考える。

食肉とケガレ

南西諸島ではこのように牛やブタのいわゆる四足が、ケガレを祓う手段として用いられ、また今日なお広く、豚肉は儀礼的食物として用いられている。一方本土では、先の岡田重精の論じるように、すでに大宝令の神祇令に、食肉は神ごとにおいてはタブーである。

しかもそれが中国の規定にはないにもかかわらず、また中国の儀礼規定に範をとりながらの制定であるのに、わざわざ日本側ではそれを定めたことは、日本の社会にはすでに当時食肉と神聖性は相反することとの認識があったというのである。

さらに岡田の論によれば次の通りである。

天武紀四年に「莫レ食二牛馬犬猨雞《さるとり》之宍《にく》一」という食肉の禁令が出るが「以外は禁例に在らず」とあり、猪や鹿、山鳥は含まれていない。しかし七十年後の天平十三年（七四一）の『続日本紀』における記録では、民間では依然牛馬の屠殺が行なわれていた。この禁令と密接な関連を持つのが天災や異変、天皇の死去などに際して臨時に禁酒断屠、殺生禁断、放生など一連の令達が行なわれる。これは中国からの影響を受けた制度であるが、仏教の殺生戒に基づいていると思われる。

この禁令の発詔は、斎戒としてだけではなく、日常的にも食肉を禁制し忌避する観念を強化したと推測される。『日本霊異記』の中巻五話に、漢神を祀るために年ごとに牛を殺していたため重い病気になるという話がある。食肉の禁の対象はやがて猪や鹿にまで及ぶようになり、承安元年（一一七一）の『玉葉』中の記事には鹿の肉を食したため三日間の穢となり出仕を憚ると記されるようになる。そして、平安末期には食肉すべてが穢とされ、神社への参詣にも忌避されるようになった。

斎戒のみでなく、死喪の場における食肉忌避は早くから見られ、むしろ死喪における食肉禁忌はカミ祀りの場におけるよりもさらに伝統的ではないかと思われるのが『魏志』倭人伝の「停喪十余日、当レ時不レ食レ肉」とある記述である。

やがて、『土佐日記』『源氏物語』『栄花物語』などに斎会や忌日に魚肉をも忌避し、服喪においても魚肉を食べなくなることが出てくる。しかし、斎戒は牛馬や獣類の食肉のみを対象としているため、神事に当り、魚鳥を準備するという記録は依然出てくる。(20) やがて仏教の普及とともにその殺生禁断・断屠の令が一般的になると、以前から存在した食肉の禁忌とあいまって、死喪に際して魚食を忌避し、それがやがて服喪があける精進あけに魚肉を食べるという習俗となる。そしてさらに

は、日常普段の時にも獣肉を忌避するようになる。(21)

以上が岡田の記述である。

ところで、なぜ食肉が、後になっては魚肉を食することも含めて、斎会や服喪という特別な状況では忌避されるのかということについて、岡田はさらに、それが死や産と同じく、また性関係も同様であるが、生理的で内的な変化をもたらす。それは、髪をすかず、シラミも取らず、衣服も改めなかったという持衰《じさい》の姿に代表されるような、仮死にもたとえられるようなイミゴモリの状態に反しているからだという。(22)

おそらく日本の社会を全般的に見ると、大まかには岡田の述べるような変遷があったことは理解できる。しかし、千葉徳爾《とくじ》を始めとする研究は、山村に生活する人々の信仰生活においては、必ずしも以上のようなケガレ観念が一般的でなかったことを示しているし、肉食や神への供物に山での獲物を用いる習俗については適用されない。先に述べた、南西諸島においても同様である。食肉とケガレ観念の問題は多くの新たな問題を含むものと考えられる。

病気とケガレ

精神病理学者の小田晋《すすむ》は、比較精神医学とともに民俗精神医学といわれるような方法、あるいは視点が存在し得ることを提唱し、次のように、病気、特に「狂気」はハレのカテゴリーの中でとらえ得ると述べている。

小田晋は次のように述べる。

柳田民俗学が唱える日本人の民族的心性の特徴の一つにハレ（祭）とケ（日常）の二元性がある。ケは、日常、労働、素面、常民、正気、現実という第一系列に連なるものであるが、一方のハレの系列には、祭、芸能、陶酔・酩酊、山民・放浪者、狂気、超越が連なる。この第一系列と第二系列とが、それぞれハレとケとの時空間を作るのであり、この両者の区別がつかなくなり、ケの時空においてハレの時空間と同じような行動をするものが〈タブレビト〉すなわち狂人であると考えられてきた。日本文化の認識系《エピステーメ》においては、人がケの枠の内で生きることが耐えられなくなった時逃げ込むやり方として犯罪や酩酊や信仰あるいは芸能があり、それらを結ぶものとして「狂」を位置づけたのであろう。(23)

以上が小田の分析であるが、狂気を神聖視し、あるいはトランスの状態を「神がかり」ないし「憑かれた」状態とみなす認識はシャーマニズムと並んで関心を引く領域である。

確かに、小田の指摘するように、狂気はハレのカテゴリーに入れられる面を持っている。しかし、病気一般について言えば、病気をケガレとみなし、それを祓い除く対象とする習俗は多く見出せる。虫送りなどと同じように、病気が流行すると、その病魔を何かに付けて村境へ持って行き、捨てたり焼き払ったりする。あるいは海へ流すこともある。病気はケガレであるとする認識はそれが伝染性が強く、病状が重く、社会への打撃が大きいほど明白に現われる。

例えば、疱瘡について言えば、屋久島では幕末から明治初年にかけて大流行があり、それ以降にも何度か流行が見られた。疱瘡にかかった者が出ると、「ムラバナ」というムラの西方の未開墾地へ病人を抱え出し、そこにホーソゴヤを建てて入れた。ホーソゴヤと村との中間地点にナカゴヤを建てて、かつて疱瘡にかかったことのある者を看病人として雇ってそのナカゴヤに住まわせ、病人の家族はそこへ薬や食物を持って行って渡した。家族はホーソゴヤへ行くことは許されなかったが、もし他の人に内緒でホーソゴヤへ行くようなことでもあれば、病気を村に広げるといって、そういう者は村を追放されることになっていた。死んだ人は浜辺に埋めて墓地へは入れさせず、十年以上も埋めたままにしておいた。そののち掘り起して自分の家の墓地に埋めた。

疱瘡が流行《はや》ると村はずれに注連《しめ》を張って病魔が自分のムラに入るのを防ごうとした。他村の者はムラへ入れないようにもした。宮之浦では、患者が出た家の家族は家を開け放しにし、親類の家などに宿を借り、一ヵ月も二ヵ月もそこで生活した。安房では疱瘡患者はホーソゴヤに入れ、他の家族員は寺にこもった。場合によっては患者を家に残したまま他の家族は逃げ出し、患者は自ら未開墾地にある山小屋を転々として歩いた。これは疱瘡の神が旅の者だからという信仰に基づいた行為であるという。そして、助かる病人はそうして助かって家へ戻ることができ、助からない者は山で死んだという。

疱瘡以外にも病気が流行すると、村境に注連を張って病魔を防いだ。シメを作るのはジャク（僧侶）の仕事であった。風邪が流行ると、青年が集まってワラ人形を作り、村中の人がこれを持って回り、最後に人の行かないような所へ持って行き病送りをした。以前はホラ貝を吹き鳴らしながら行なったという。捨てると後ろを振り返らないようにして戻った。通り道の家々では、家の前をワラ人形が通ると家の中をすっかり掃き出した。

宮之浦では病気が流行すると四、五尺位の船を造り、人形を乗せ、神社で大祓を行ない、青年が船をかついで空《あき》かんのようなものを叩いて村中を回る。すると、各家ではめいめいが米と塩とで身体を拭ってその船に投げ込む。そして、その船は海へ流す。疱瘡の時はこれを「疱瘡の神おとし」と言った。(24)

このように、患者十人に対し、七、八人も死んだという疱瘡の流行のような場合は、病気はケガレとする観念を明確に見ることができる。病人の隔離は病気の伝染を防ぐためという理由もあろうが、病気を忌むべきケガレの源とみなし、病人を遠ざけたり遺棄したりする。ほら貝を鳴らしたり、空かんを叩いて騒がしい音を立てるのは広く見られる魔を祓う方法であり、病気を魔と見る認識が明らかである。離島で伝染性の強い病気が流行ると、その人的、経済的打撃は本土よりはるかに深刻である。屋久島や種子島の疱瘡流行の際の習俗(25)はそのことを示している。

南西諸島では病気を魔とする認識は明白である。沖縄本島では病人の枕元または別の場所に刀、庖丁、鎌などを置いた。これは邪悪のものが病人を侵すのを防ぐためであった。(26)一方、特殊な病気とされたハンセン病で死んだ人は葬式後、墓庭への入口を塞いで悪霊の出入りを防ぎ、また炒《い》った五穀を撒いて 'Kuriga mirawanjitituyo'（これが生えて出て来るならば出ておいで）と言って、永遠にこの世に出て来ないようにとの呪法をした。この場合は、ケガレの強い死霊を悪霊としているようでもあるが、病気そのものも悪霊とみなしているようである。

　徳之島では病人を抱えている家ではユタを呼んで来て家の中の祓いをさせた（なお、筆者ら――板橋作美・波平――が昭和五十六年に奄美大島北部で調査した時、当時でもなお行なわれると聞いた）。その方法は、まず病人のマブイ（霊魂）が抜けているかどうかを占う。ユタが茶碗に水を入れ、その上に白紙を覆い、その紙を糸で縛って呪文を唱え、トオグラ（炊事場）の表入口とカミンヤ（母屋）の表入口にそれぞれ置いておき、しばらくして紙を取ってみる。もし茶碗の中に砂粒が入っていればその人のマブイはすでに墓へ行っているから助からないが、ごみか何かであれば助かるとされる。

　助かるのであれば、酒と塩と炒り大豆で祓いをする。まず、ユタは病人から病魔を追い出し、次に塩と炒り大豆をトオグラの火の神の前から撒き始め、屋内のいたる所に撒き、ついに庭に追い出し、さらには門口から追い出して治療儀礼を終える。この祓いのあと、ユタの指示によって病人の身代りの品、例えば病人が使ったタオルや着物の切れ端などを道の辻へ捨てに行く。これを拾った人に、その病魔が移ってゆくという。[27]

　また病気が重くなると、病人は夜が淋しいというので、その淋しさを紛らすため、知人や親戚が集まり、夜通し看病に当った。その看病の方法とは、小料理と酒を持って来て、三味線を弾き、チガシ（松の松明）をあかあかと燃し、シマ歌の掛け合いをした。これによって病人を元気づけるためであるという。

これをトゥギといい、長病みで助かりそうもない人やハブアタリの人に対して行なった。(28) このやり方は先の波間島の産婦が「夜は淋しい」からといって、老女が毎夜、十日も続けて産小屋へやって来て、そこで歌ったり踊ったりする習俗や、死者の墓所を二週間毎夜訪れたモガリの儀礼と似ていることに気づく。

つまり、①いずれも夜であること、②三味線を弾き、歌い、踊り、③食べかつ飲むこと、④火を盛んに燃す点が共通している。これらは、病人、産婦、死者を慰めるためだというのが人々の側からの説明とされるが、「魔除け」ないし、「魔を祓う」意味の強い儀礼であると言えるのではないか。

病気を何かの罪を犯したことへの罰として下された結果とする認識は、ある種の病気を「天刑病」「業病」と呼んだことにも見られる。今日の都市においてさえ、家族内に続けて病人が出たり、長期にわたる病気に苦しんだりすると、それを先祖の霊を祀らなかったからだとか、水子《みずこ》（堕胎によって死んだ胎児）の祟りだという信仰は強く、新興宗教の中にもそのように説いて信者を集めているものは多い。つまり、罪

──→病気という関係を認める考え方である。

一方、それらの信仰に基づく治療儀礼では「祓い」を意味する儀礼が顕著である。つまり、病気とはケガレであり、そのケガレを祓い去ることによって治癒すると信じているのである。〈罪──→病気〉、〈祓い──→病気治癒〉という関係がケガレの観念を仲介項として一つの輪としてつながり、一連の因果関係を成立させている。病気とケガレガレの関係は災因論としてのケガレ観念を示す好例である。(29)

職業とケガレ

幕末に本居内遠《もとおりうちとお》は「賤者考」という本を書いた。これはある種の奇書であり、当時の世間一般に「賤者」とされている職業や家筋、人の集団を数十あげ、それぞれについてその由来や、通婚、同席、同食その他において他の人々から差別を受けているかどうかの状況について述べたものである。「賤」とされる世間一般の理由を紹介しただけの項目もあれば、自分なりの解説をしたり、世間のあげる理由に疑問を呈したものもある。

この書の中には日本人がある種の職業をケガレとみなしたことの認識の基本を示すと思われる箇所があり、以下紹介する。律令で定めた、皇族の墓所を守る陵戸《りょうこ》について奴婢との関係において次のように述べている。

> さて陵戸は賤しくはあれども戸をなして必竟は雑戸の一種なれば奴婢よりは勝れるが如くかつ官に隷したる者なり。されども其司る職業穢らはしきによりて差別あり。そは前に引たる集解の文に一云雑戸与良人為婚但陵戸不聴若与良人為夫妻所生男女者不限知情不知情皆為陵戸とある文いたく品降りたるさまなり。他は当色ならぬも不知情従軽とありて奴婢もかやうなるに陵戸のみはさあらぬはいと重しと見ゆれば今奴婢より下に次第《ツキテ》たるなり(30)（傍点は波平）。

陵戸は内遠が生きた時代にもすでに存在しなかったが、陵戸が死者を葬る陵墓を守り、それは触穢《しょくえ》であるから、人が陵戸を忌避するのは当然であると述べている。また、死に係わる道具を作る者や刑殺人、牢番など、死と日常的に係わる者は賤者とみなされるという。その間のことをさらに説明して次のように言う。

例えば武士は戦場では人を殺すが、しかしそのことを常職とはしていない。また、貧しくて葬具が買えなくて自ら作ったとしてもその人が賤者として忌避されることはない。しかし葬式の俑具《ようぐ》を職業として作ればその人は忌まれる。そのことは次のように解釈できると内遠はいう。つまり、「常人」（一般の人）が死に係わると触穢になり、穢中はその人は他人より忌まれる。しかし、穢日が過ぎれば常人に復するが、職業として常に穢に触れれば穢の状態が常のこととなり、したがって他の人々がその職業にある人を恒常的に忌むようになるという[31]。

本居内遠のこの論文は、「甲乙丙丁の展転の穢」に示されるような、ケガレが即物的で身体的な汚れを洗い去るように取り去ることができるという、あるいは空間や時間が隔たれば弱められるというケガレの属性を認める考え方が、江戸末期にも存在したことを示している。

横井清は、「中世の触穢思想」の中で、浄土宗の普及とともに、ケガレは外から降りかかって付着するというような古代の観念から、やがて内から出てくるもの、人間の存在そのものをケガレとする思想が一般的となり、それがある特定の人々がケガレの存在として定着してゆくことの一つの要因として働いている旨述べている。確かにそのようなケガレ観念の発達はあったであろうが、一方では、ケガレは外にあり、しかし、特定の人々が「賤」とされ「穢」とされるのは、常にその外に生じるケガレと接し、祓い去る間がないことによるという内遠の説明のようなケガレの観念も存在していたと考える。

注

(1) 岡田重精、一九八二年、九九—一〇〇頁。
(2) 『令義解』、三一三頁。
(3) 岡田重精、前掲書、八四頁。
(4) 『日本書紀（上）』、四四七—四四八頁。
(5) 前掲書、三四四—三四六頁。
(6) 前掲書、四五六—四五八頁。
(7) 前掲書、四八六頁。
(8) 前掲書、四八八頁。
(9) 岡田重精、前掲書、一一四—一一九頁。
(10) 前掲書、一一四頁。
(11) 池田秀夫他、三〇一頁。
(12) 井之口章次、一九五九年、三一六頁。
(13) 大間知篤三、一九五九年、二四三—二四四頁。
(14) 高橋一郎、一九八三年。
(15) 名越左源太、三〇頁。
(16) 松山光秀、三九六頁。
(17) 野口武徳、一九七二年、二二一—二二四頁、二六七—二七二頁。
(18) 野口武徳、一九六五年、二〇七頁。

(19) 竹村卓二、七〇頁。
(20) 岡田重精、前掲書、三三九―三五二頁。
(21) 前掲書、四一三―四一六頁。
(22) 前掲書、三五〇―三五一頁。藤井正雄は、『日本書紀』においては雨乞いのため「村々の祝部の教えるままに、或は牛馬を殺して諸の社の神に祭り」とあるのに、『続日本紀』の延暦十年の記事には、伊勢、近江、美濃、若狭、紀伊で牛を殺して漢神に祭ることを禁じるとある。中国祭儀が日本へ入ってこなかったことは、そしてまた食肉を不浄とみなすことは、血忌習俗の発達によるのであり、その血忌習俗とは、月経、出産、流産、傷による出血、屠殺や殺人に伴う流血を忌むことを言うのであり、このような血忌習俗の発達は、日本の米を中心とする農耕社会の発達と深く関連しているという(二二一―二二二頁)。
(23) 小田晋、一八―一九頁。
(24) 宮本常一、一九七三年(b)、七四四―七四五頁。
(25) 種子島の疱瘡流行については、波平の『病気と治療の文化人類学』(一九八四年)を参照のこと。
(26) 佐喜真興英、前掲書、一六四頁。
(27) 松山光秀、前掲書、三九七頁。
(28) 前掲書、三九八頁。
(29) 病気とケガレの観念については、前掲『病気と治療の文化人類学』を参照されたい。
(30) 一四七頁。
(31) 一六九頁。

第四節　火とケガレ

通過儀礼における火の儀礼的意味

葬式などの死者儀礼や出産に際して、火が儀礼的に重要な役割を持つことはこれまで見てきた通りである。火はそのものが神聖であり、さまざまな規制やタブーがその取扱いについて課せられている。例えば燃えている火に向かって唾を吐きかけない、排尿しない、炉や火床をさまざまなもので汚さない、炉や火鉢の灰にいたずら書きをしない等々、今でも日本で広く見られる規制事項である。

また一方で、大晦日から元旦にかけて炉で盛んに火を燃して、大きな木を燃せば燃すほど家の運が良いなどと言ったり、年中かまどや炉の火種を絶やさず、死者が出るなど不幸が起ると火種をいったん消し、灰まで取り替えてしまい、新たに他所から火種をもらって火種を新しくするという。火は家の象徴であり、絶えない火種は家の永続、盛んに燃える火は家の繁栄を象徴するものとしてとらえられている。

出産が炉の側でされるとか、産小屋には炉があり、出産前後盛んに火をたくなどのことは、火が魔除けとして用いられているとも、また、浄化の手段として用いられているとも考えられる。

服喪中の者とそうでない者とが同火同食すること、月経中の女性と外の人々が同火同食することを禁忌とするのは、火を同じくすることによって、一方のケガレが他方へ移ることを予防するためとも考えられるが、また、火そのものが、あるものと別のものとの媒介物としての意味を持つとも考えられる。

坪井洋文は「忌は火に通じるように、穢れは火から感染するものと考えて、死や産の場合には別竈を築き、あるいは別火屋で生活して、他に感染しないように努めるのである」と述べ、次のような事例をあげている。

岡山県苫田《とまた》郡富村大部落の場合、毎月一、三、十、十五、二十、二十八日には火を替えるといって、その前の晩には家の炉に塩水を撒いて清め、当日の午前中は前日の火で煮炊きしたものは食べてはならない。また、四十九日の死忌を終えると、他家の火で炊いた食物を持って来てもらって食べてから初めて自分の家の炉の火替えをし、正常の生活に戻る。また村に死人があった時には「村ケガレ」といって、全戸が火替えをする。同様に女性が産をして三十三日の忌が明けると全戸が火替えをする(1)。

媒介物としての火という見方をすれば、火が通過儀礼において重要な役割を果すことが理解できる。つまり、胎児から人間の赤児へという一つの段階から別の段階をつなぐものとして、生家の女性から婚家の女性へと変化する時、また、生者が死者となりこの世からあの世へと移行する時、火は強力な移行や通過の媒介手段であり、異質のものをつなぎ合せる媒介となるのである。

したがって、異質のものを切り離しておかねばならない時には火が仲介項として働かないように配慮されなければならない。合火《あいび》を忌むというのは、ケガレの状況や場と、ケの状況や場とが火によって容易に結合されやすいことを逆に意味している。

葬式の時の送り火や迎え火は一つには、死者をこの世からあの世へと送る移行手段として火が用いられているのであろう。葬列の先頭に立つ「先松明《さきたいまつ》」と呼ばれるものは、媒介項としての火であり、魔除けとしての火でもある。死の知らせを行なう人は昼でも明りを付けてゆくというのは、魔除けの意味が強いと思われる。熊本県天草郡では、喪家から墓地までの道の六ヵ所にロウソクを立て、これを死者のための「道案内」といっている(2)。

対馬の上県《かみあがた》町伊奈では、喪家の家に燃えている火を一ほだ持った老人が、葬列の出発より先に墓地へ行って火を焚いておく。これは先松明と同じく、忌火の移動であると井之口章次は述べている(3)。つまり、ケガレを火に移し付け、その火を家から墓地へ移動させるというのである。火は水と同じように儀礼においてさまざまな使われ方をしており、そのことは火に豊かな儀礼的意味が付されていることを示すものである。

儀礼において火が重視され神聖視される一方では、「制御されない」火をケガレとみなす認識がある。

制御されない火

記紀神話において、イザナミはヒノヤギハヤヲノカミまたの名をヒノカガビコノカミあるいはヒノカグツチノカミを産んだ時「みほと（女陰）やかえて病みこやせり」（古事記）とあり、ついに死んでしまう。その際嘔吐し、糞尿にまみれて死ぬ。このイザナミの死は、その後の黄泉国でイザナギが見る死体の姿と重ねてみてもケガレそのものである。火の制御の失敗は危険であり、かつケガレであるという認識を記紀の中にも見出せる。

さらに、『延喜式』巻五の「斎宮」の項では「失火の穢れの有る者」は祓清を行ない、またその家の者は七日間は宮中に参内できないとある。失火は社会的な犯罪であるだけでなく宗教的な罪でもあり、その当事者はケガレの状態にあるとみなされた。

故意に火を付けて建物その他を焼くことについては、『古事記』の垂仁天皇の項に、その妻サホヒメの兄サホヒコが反乱を起し、敗れて「稲城《いなぎ》」に妹とともにこもり、それに火を放って自殺する話が出てくる（書紀では、天皇の将軍が火を放つとある）。その「火中《ほなか》に生れまし」子を、母はホムチワケと名付けたが、この子の運命は数奇なものであった。その母の兄（子にとっての母方オジ）は、父に謀反を起した者であり、母はその兄とともに自殺した。子は反乱軍がたてこもる城の中で生まれ、生まれ落ちるとすぐに一人だけ城の外へ出され、父のもとで成長する。成長するまで物を言わず、紀によると、三十歳まで物は言わずに幼児のように泣き叫んだという。

神祇令の斎戒においても、記紀のスサノヲの話においても、泣きわめくことはケガレである。そして、ある日空高く飛びゆく白鳥の声を聞いて初めてカタコトを言った。そこで天皇は人を遣わしてその白鳥を捕らえて来させたが、それでも物を言わない。この子のことで悩む天皇の夢の中に出雲の神が現われたので、天皇は部下をつけてこの子を出雲まで行かせる。出雲に着くとホムチワケははっきりと言葉を話し、部下は大いに喜ぶ。これを天皇に知らせようと都へ使者を送る。一方、ホムチワケはヒナガヒメと一夜まぐわいをしたところ、その女は蛇であった。そこで彼は驚いて逃げ帰るという話になっている。

天皇はホムチワケがものを言うようになったことを喜び、出雲神宮を造営し、またこの子にちなんで鳥取部《ととりべ》、鳥甘部《とりかひべ》、品遅部《ほむぢべ》、大湯坐《おほゆゑ》、若湯坐《わかゆゑ》を定めたという。戦いの中とは言え、火を放つこと、その火中に生まれたことが異常な子となる原因であるとみなしたことが明らかである。

一方、火刑に処したり、火を付けて建物ごと焼き殺す対象は重大な罪を犯した者に対してのみ行なわれる。暴虐とも言える所行の数々が記されている雄略帝の場合、次のことが見出せる。⑴と⑵と⑷は紀、⑶は記の中に見出せる。

⑴ 反逆の疑いがかけられた兄の眉輪王と、それをかくまった部下とを、罪を贖いたいと申し出たのにもかかわらず火を付けて焼き殺してしまう。

⑵ 百済（百済系の住民である）の池津《いけつ》媛《ひめ》をめとろうとしたところ、この女性が石《いし》川楯《かはのたて》と通じてしまった。怒った天皇は二人の手足を木に縛り付け、桟敷に置き、火を付けて焼き殺した。

⑶ 雄略帝が河内の日下へ行った時、志幾の大縣主《おほあがたぬし》が堅魚木《かつをぎ》をあげて家を作っているのを見て、「天皇の御舎《みあらか》に似せて造っているのはけしからぬ」と焼き払おうとした。

⑷ 播磨国の人文石小《あやしのを》麻呂《まろ》は暴虐の限りをつくし、交通する人々から物を奪い、租税も払わずにいたので、天皇は春日小《かすがのを》野臣大樹《ののおみおほき》を差し向け、周囲をかこみ火を付

けて焼いた。

　また、清寧天皇の時、その異母兄弟の星川皇子が生母にそそのかされて天皇の地位をねらったが、敗れて大蔵にたてこもり、天皇によって焼き殺された。

　このように、天皇の神聖性、神聖権威に対する反逆は焼き殺す、ないし火刑という、火による死が与えられている。放火は失火とは形は異なるが、人間の生活を破壊し生命を失わせるという意味で制御されない火ということができる。

　かつてないほど長期にわたり治安が保たれたという江戸時代では厳罰主義がとられたが、放火については最高極刑が与えられている。『御仕置裁許帳』という、おそらく町奉行所の吏員によって編集されたと思われる明暦三年より元禄十二年（一六五七―一六九九）に至る事件とその判決結果を記したものを見ると、「火を付る者之類幷投火仕者之類」の項に四十九件の放火が記載されている。主犯は火刑か獄門であり、内訳は次の通りである。

　　火罪（火刑）　三十八名
　　獄門　　　　　八名
　　死罪　　　　　一名

流罪　　　　二名
牢死　　　　四名
放免　　　　一名

これらの事例のうち、女性でしかも火付け道具を所持していただけで火罪となった例がある。同帳記載の事件で、主人殺しの犯人が獄門、死罪、磔《はりつけ》であるから、放火はやはり特別の犯罪とみなされていたことがわかる。

『御仕置裁許帳』の判決を材料として刑法を条文の形にまとめた「元禄御法式」によると、火罪に処せられる対象となる犯罪は、火付け、火付け未遂、火札貼り（お前の家に火を付けるぞという脅迫文をその家に貼り付けること）以外にはない。つまり、放火に関係した犯罪以外に火刑は適用しないのである。

これを見ても、放火がどのように特殊視された犯罪であるかわかる。火を破壊の目的で使った者の罪は、同じく火で贖うということでもあろうし、火の浄化作用によってのみこのような大罪は償い、消し得るというのであろう。

厳罰主義が取られた時代に、しかも家屋が密集する江戸の町で火を付ければ、それが及ぼす人的物的損害ははかり知れない。それゆえの厳罰とも考えられるが、しかし失火の場合はほとんど罪に問われていないのである。

代官川崎平右衛門に所属していた代官手代岡本彌一郎が天保六年（一八三五）に記した『検使楷梯』の中に、「出火並に焼死人其外見分一件」の項目があって、下野、常磐、下総、但馬、丹後、土佐の各赴任地において出火吟味を行ない、九件の事例を扱っている。その記録から次のことが明らかである。

(1)　処罰はゆるやかであり、押し込め、手鎖《てじょう》村預け、叱り置き、寺入りなどである。例えば、十歳の童子が失火者であった場合、その子の世話をしていた親類の者、また失火者が焼死した場合のその遺族は二十日の押し込めであり、子供は処罰の対象になっていない。多くは「寺入り」を申し付けられているが、前後の文章からして、火を出した者は役人の吟味が始まる前にすでに「入寺いたし相慎み罷り在」りの状態であったようで、自発的に、ないしは村の規則によって寺入りをしていたようである。つまり、寺へ入って忌みごもりの状態になっていたのであろう。やや重い刑としては、下総国で百二十九軒の焼失をみた火事では、失火者は五十日の手鎖村預け、五人組は二十日の押し込め、村役人は叱り置きの処分を受けている。

(2)　どの事例においても、必ず火元の家が他人の遺恨を受けるようなこともなく、「怪しき風聞も之無き」ことが明記されている。また、「全く手過ちの自火」に間違いないことが吟味の結果明らかであることが記されていることも注目される。つまり、この火事が火元となった家の者が放火したのでもないし、他人から放火されたのでもなく、まったくの失火であったことを、念を入れて記しているのである。

二つの記録は場所も時代も異なるので一概に比較はできないが、それにしても、放火でも失火でも失われる人命や財産の大きさに違いがあるわけではない。しかも、放火の場合、板塀を少し焼いただけであるとか、火付道具を持っていただけであるのに火罪に処せられている。放火はその結果によって罪を問うのではないところにも殺人とは別種の罪とみなされていたことがわかる。

竹内利美の論文「ムラの行動」によっても、村落規制において、失火の場合「入寺」という処分は一般的であったことがわかる。(4) この処分は村八分などに比べると軽いようであるが、「寺入り」ということが忌みごもりを意味し、失火者はケガレの状態に陥っているとみなされたのではないかと推測できるのである。第三節の「罪・ケガレ祓いと動物供犠」の項で、奄美大島阿室のモーゴロ牛について述べたが、失火者の母は風呂敷を頭から被ったとあり、明らかにケガレの状態を意味している。

東北地方のある地域では、私が調査した昭和五十年代でも、失火した家の世帯主は自分の属する村落はもちろん、消防団の協力体制を組んでいる数ヵ村落の全戸を数日がかりで詫び言を言ってまわっていた。戦前までは、失火者は笠を被り、はだしで、荒縄の帯をすることになっていたという。調査当時では笠は被らず、ズボンのベルトを外して荒縄に代え、靴は門口まで履くが、門から玄関まではだしになるという。

この地方のあるムラで、大正初期に五歳の子供が夜一人で留守番をしていて火事を出した。冬期で家の周囲を雪が壁を作っていたため類焼はしなかったが、「親はその子をムラで養いきれずに」七歳になるのを待って遠くのムラに養子に出したという。なお、それより少し前に、男女関係のもつれから放火事件が起り、ボヤで終わったものの、放火を疑われてある女性が逮捕された。しかしこの女性が留置所で自殺したということもあり、またこのムラではその後一例の火事もボヤも出していないこともあって、調査当時でもこの二件の火事はあたかも最近のことであるかのように人々の間で伝えられている。しかしいずれの話も、ムラの人々にとってはつらく悲しい、しかもきわめて特殊な話として受けとめられ、人前で話すことは禁忌になっている。火事にまつわる話は殺人などとはまた別種のものであるようだ。

なお、荒井貢次郎の「制裁」によると、失火に対する村落内の処分は次のようである（一八三頁）。

(1) 財産没収のうえ、その家・屋敷跡は「不浄屋敷」と呼ばれた（傍点は波平）。
（長野県和田村、岐阜県羽島郡川島村、三重県森村、滋賀県東小椋村）。

(2) 金鍋《かんなべ》かるわせる（鍋釜を背負わせて村を追放する）。

(3) 庄屋と寺の帳面から除籍されて追放される（和歌山県上山路村、長野県旦開村他）。

先に記紀の中に見出せる放火について、それが天皇制の権威と結びついているらしいことを述べたが、岡田重精は『古代の斎忌』の中で、火についてのタブーについて次のように述べている。

例えば一つ火（火を一つだけともすこと）を忌むなどさまざまのものが見られるが、失火は、「とくに不規定の無制約的な火が脅威をそそる意味が強い」[5]と言い、五国史（『日本書紀』『続日本紀』『日本後紀』『続日本後紀』『日本文徳天皇実録』『日本三代実録』の六国史《りつこくし》の内の五つ）から臨時の罪穢や災異が生じた時の大祓がどのような場合に行なわれたかを調べている。

その結果、三十六例の臨時大祓のうち、左兵衛府失火、応天門失火、太政官厨辺火災、春宮庁院火災、大極殿火災の五件があり、死穢を除くと最も多いと指摘している[6]。さらに、人の過失による失火とわかっていればよいが、火災の原因が不明の時には神火としたり神の祟りとする考え方が顕著であるという（『続日本紀』『日本後紀』）[7]。そして、人による失火とわかっていても、それを何か超自然的な知らせではないかと疑い、次のような複雑な対応をした例をあげている。『日本三代実録』における応天門の火災の記録によると（貞観八年の火災）次の通りである。

(1) 十一日後に百官大祓、二ヵ寺において転経、秘法による災変の消除。
(2) 翌月、なお火気が見えるとの卜占によって、五畿七道の諸神に奉幣。
(3) 三ヵ月後、火災後物怪があり災変の恐れがありとの卜占が出て大神宮に遣使奉幣、南海道の諸神に班幣して災変を未然に消除するむねの祈禱をしてもらう。
(4) さらに翌月、御陵の犯汚による咎祟《とがたたり》であるとの卜占のため、諸山陵に使者分遣・告文となる[8]。

失火をどれほど強くケガレ視し、厄災視したかがわかる。しかも火事は何らかの宗教的犯罪の結果と認識していたのであり、〈罪→ケガレ→火災〉という因果関係が認められていた。以上のことから記紀以来、日本人は火というもの、あるいは火の制御、制御の失敗ということを次のように認識してきたと言えるのではなかろうか。

(1) 火の制御（コントロール）に失敗すると、社会的かつ文化的な秩序を乱すこととみなされ、社会的に大きな犯罪を犯したことにもなるが、また当事者はケガレの状態に陥り、火事の現場や周囲もケガレの状態になる。

(2) 放火によって人や器物、建物や動物を破壊し害することが許されているのは、天皇のような絶対的権威者が、自らの権威（それは神聖視されている）を脅かそうとする者を処罰する場合のみである。天皇の権威をはじめ、神聖であるものを侵すと、それに対して火刑という形で処罰が与えられる。火災を神の処罰と考えるのはそれと同じである。

一揆打ち壊しにおいて、「打ち壊し」は多かったが、火付けは、その一揆が最も過激な場合のみであったという。それは、火を付けることによる破壊は、結果は同じであっても次元が異なるほどに、既存の秩序や権威に対する挑戦の度合いが違ったのである。火による破壊は徹底したくつがえしを意味したと思われる。

破壊の火と再生の火

火がケガレ観念と結び付いていることは、各地に鍛冶屋の跡というものがあり、それを忌み地、祟り地としていることでもわかる。

昭和四十年代前半に調査した当時、島根県安来《やすぎ》市郊外のある農村に、立地条件の良い所に二百坪ほどの立派な空屋敷があった。百年ほども空けたままであるというので、その理由を聞くと、鍛冶屋屋敷の跡は鍛冶屋でなければ住むことができないという。普通の人（農民）が住むとさまざまな悪いことが起るのだという。昭和五十年代後半の調査時のことであるが、奄美大島の各シマ（村落）にはやはり、鍛冶屋のあとだといわれる屋敷跡がある。人々は、祟るからといって入ることさえいやがる。北部のあるシマで、近年ある人の精神障害の発病を、その屋敷跡に入ったためだとする噂が生じているという。

農民社会において、農業以外を生業とする人々、特に鍛冶屋などの特殊技術を持つ人々を畏怖しかつ差別し、偏見を持つ傾向があるのは通文化的に見出すことができる。鍛冶屋が尊敬され、重宝がられる一方で、畏怖されまた偏見の目で眺められるのはほぼ普遍的であると言ってよい。これまで述べて来たように、制御されない火はケガレであり、破壊するための火もまたケガレであるという認識があるとすれば、タタラにしろ鍛冶屋にしろ、火を最もよく制御する技術を駆使する職種である。それをしばしばケガレ視するのはどのように理解すればよいのであろうか。

田村克己は「鉄の民俗」[9]と題する論文の中で次のように論考している。日本神話には鍛冶の神として『古事記』に「鍛人天津麻羅《かぬちあまつまら》」という名が、『日本書紀』に「倭《やまとの》鍛部天津真浦《かぬちあまつまら》」の名が出て来る。また天孫降臨の段には作金者《かなだくみ》として天目一箇神《あめのまひとつのかみ》が出て来て、『古語拾遺』によると、さまざまな刀斧《とうふ》や鉄鐸《さなぎ》を作ったとされている。

ところで鍛冶の作る刀剣は記紀神話に何度か出てくるが、これらの話を統合すると、刀剣は天と地、山と海など二大原理の対立するところにあって、その原理が対立することによってひき起された混乱を、刀剣が備えているその霊力によって鎮める役割を負わされている。

言葉を換えれば、二つの原理の間をコミュニケートする媒介項として刀剣ないし刀剣神はそれぞれの領域間を行き来する。このことは、刀剣神が雷神と等しいものとされる（刀剣の神格化であるイツノヲハバリの子タケミカヅチノ神は、また自らが刀となって神武帝を救う）観念が依拠する根拠である。すなわち雷神は天と地の二大領域を結ぶ事象だからである。

しかし、刀剣による二大領域のコミュニケートはいつでも必ず成功するわけではない。それが文化に刃を向けた時には秩序を破壊し混乱をもたらす（例えばイザナギは文化の象徴である火の神カグツチを剣で殺す。その結果、イザナミは再び夫のもとへは戻らず、火神の死体からは山津神＝自然神が生まれてくる）。

一方、刀でもって自然に立ち向かった時は、自然と文化、天と地の二大領域が結びつき秩序がもたらされる（例えばスサノヲは人を殺す八《や》俣《また》の大蛇を退治し、草薙《くさなぎ》の剣を得る）。このように剣は二律背反性を持つのである。

一方、製鉄の仕事は性行為とみなされ、しばしば性的象徴を帯びている。火の力によって鉄を「生み」出す仕事は、男性原理と女性原理の結合が必要とされ、また、新たな生命の誕生のためには死の犠牲が必要とされる（ここでも製鉄ないし金属製品は、死と生という異なる次元のもの、異質のものを結び付けることになる）。このように、製鉄に係わる事柄は元来二律背反性を持ち、鍛冶屋の属性もまた二律背反的なのである。

田村の論考をふまえながらさらに次のように言うことができるであろう。火が人間を人間たらしめている「文化」の象徴とみなされることは通文化的に広く見出せるし、フランスの構造主義人類学者であるクロード・レヴィ＝ストロースが『蜜から灰へ』などで多くの事例を示して分析している。人間は動物としてその内に「野生」の部分と、その「野生」あるいは「自然」の部分と対立し、それを克服し抑え込む「文化」の部分とを持っている。人間の営みの総体は、「自然」と「文化」との相克であると見ることができる。

人間が作り出す火は、つまり制御された火は人間の文化そのものであり、先述したように、かまどやいろり、あるいはそこで焚かれる火は文化である。しかし、制御されない火あるいは野火のように自然の中に生じる火は「自然」そのものであり、人間の文化を破壊しつくす力を持つ。火はすべての物を焼きつくし跡かたもなくするので、それは秩序を破壊し、人間が作り出したさまざまな範例（パラダイム）をゼロの状態にしてしまう。したがって、放火が財物の破壊だけでなく、社会的秩序に対する最も大きな犯罪とみなされるわけである。

しかし一面では、火は、焼畑のため野に放たれる火のように新たな命の誕生を約束するところの、再生のための破壊もまた行なうのである。火が儀礼的に水と非常によく似た意味を持って用いられるのは、水もまた、それを必要に応じて人間が手に入れたり、水をコントロールすることが人間の「文化」であるからである。水もまた、秩序や物を破壊すると同時に再生する。すべてを消し去り無の状態にする物理的な力を持つがゆえに、死と再生のシンボルとされ、また浄化力を持つものとみなされる。(10)

記紀神話における火にまつわる話は、この「制御される火」と「制御されない火」の双方について語っているのである。イザナミを死に追いやったカグツチの誕生は制御されない火を意味し、それは人間の「自然」の部分の代表である出産と死とに係わっている。火によって作り出された剣で、妻の死をもたらしたカグツチを切り殺すイザナギの行為は、制御された火（刀）が自然の火を抑え込むことを意味する。

また、出雲でスサノヲの娘スセリビメを得ようとしたオホナムヂが、スサノヲが放った火を剣で防ぐのは、同じく「制御されない火」を「制御された火」によって得られたところの剣で克服、征服することを意味する。

死者の枕元に刃物を置き「魔を防ぐ」というのは、死という「自然」に対して最も文化的なものである刃物によって対抗しようという意味を読み取ることができる。死者儀礼で火が頻繁に用いられるのも「自然」の力をまざまざと示す死に対抗する手段であるし、出産の際やその後に、盛んに火を燃すのも、出産という動物的な自然の側面が前面に出て来る現象に対抗するものと言えよう。

放火は、人間が作り出した火でありながら、それが人間の社会的文化的秩序を破壊しつくすがゆえに、「反文化」の火である。人間の意図が働いて「制御された火」のように見えながら、実は制御されていない火であり、それは「矛盾した火」、とでも言い得るものである。放火が最もケガレの程度の強い罪とみなされ、火刑という制御された火によって処罰されなければならない理由もここにある。

タタラにしろ鍛冶屋にしろ、火をよく制御する者である。彼らはまた文化の象徴である金属製品を作るのであり、その意味においては、彼らは文化の中核の存在である。しかし彼らは尊敬され畏怖されるだけでなく、時にはケガレ視される。その理由は次のように理解できるであろう。

(1) 田村が指摘するように、製鉄という行為が二律背反的な構造を持つもので、「文化」の中核であると同時に周辺に位置する。

(2) 伝統的な社会においては、中心となる生業以外のものを生業とする人々を周辺的存在とする傾向があり、タタラや鍛冶屋もまた、その特殊技術や秘法のゆえに周辺的存在とみなされやすい。周辺的存在は一方では神聖視され、他方では不浄視される。

(3) 火を制御することは「文化」的行為であり、制御された火は神聖である。火を制御する道具や設備としてのカマドや炉が神聖視されるゆえんはそこにある。しかし、制御され*す*ぎ*る*ということはむしろケガレ視される傾向があり、また、他に比べてずば抜けて火の制御に巧みであり、その技術がすぐれているということもケガレ視される傾向を生じやすい。これを従来宗教学などでは価値の「儀礼的転換」として取り扱ってきた。儀礼的転換は相互に起り得るのであり、後述するように、きわめてケガレている状況が神聖で清浄な状態とされることもある。

火の「過剰な制御」を良しとしないと思われる次のような話が先にあげた高橋一郎の論文「阿室の火の神祭り」の中で述べられている。阿室ではムラのほぼ全戸が燃えるような大火が江戸時代の末期と大正五年に起きている。なお大正期の大火については柳田国男が「海南小記」の中でも触れている。阿室ではこの両大火について次のような話が伝えられている。

江戸時代の火事の時には厳島神社の社守の家だけが焼け残った。それは、家に出入りしていた島津の役人が刀で火のついた茅葺きの屋根を切り払ったからであった。しかし、その後家族の者は次々と流行病に罹り、八人もの人が亡くなってしまった。そのため、大正期の大火の際には「人が焼ける時には皆一緒に焼いてしまえ」と言って、充分消火できるにもかかわらず消火を許さずに焼けるにまかせたという。なお、この大火の際この社守の家から分家した家が一軒焼け残ったが、この家では子供に恵まれず、ついに絶家してしまった。

この話は、①村落社会の統合や調和を乱すような行為や出来事に対する社会的制裁が、しばしば信仰上の次元で語られ理解されることを示すとともに、②奄美における本土からの神社神道の導入に伴う葛藤を語っているが、さらにまた、③制御されすぎた火が不幸をもたらすことも示していると言えよう。

南西諸島には火災をもたらす神を、虫這いや病神を追うかのように追い払う行事があった。佐喜真興英の「シマの話」によると、本島では旧暦十月一日にヒタマカエシという行事があり、この日、村の青年が近所の七つの泉から水を汲んで来て各家に配り、ムラの役人は水の湧き出る拝所（カーサンタキ）を祀った。青少年はムラの真ん中にワラの小屋を建て、夕方にはこの小屋を焼いて「ホーハイホーハイホーハイ（火事・火事・火事）」と叫んで、ムラの辻々をドラを叩きながら歩いた。人々は垣の上からこれらの青少年に水をかけた。ムラ内や隣ムラで火事があった時は三日内にこのヒタマカエシの儀礼を臨時に行なった。[11]

この儀礼に見られるように火事は明らかに祓われるべき災いでありケガレである。しかし、火の過剰な制御がまたケガレの状況を作り得るというのは、タタラが死を忌まない、いやむしろ、死は火の制御を助けるという信仰を思い起させる。つまり、清浄を最も尊ぶタタラの内部へ死のケガレを持ち込むにもかかわらず、そのことが、よりよく火を制御し得るというわけである。

タタラが女性そのもの、あるいは女性に関するケガレである月経や出産を忌むのは、田村の論考に従うと、タタラや鍛冶の作業そのものが性行為を意味し、その守護神は女性であると信じられているからであるという。田村の議論からは、それではなぜ女性のケガレが死のケガレとは対照的に忌まれるかは充分明らかではない。しかし、もし鍛冶やタタラの仕事が女神と人間の男性との性行為と理解される場合、人間の女性は余計者であって、これが「女神が人間の女性に嫉妬するので」女性を嫌うという説明を生じていることになろう。タタラや鍛冶の行為に対する守護神が女神とされることは、その行為には「女性原理」が導入されて初めて成功することを意味する。女性の祭祀者（タタラササゲ）が存在するのはこれを裏書きする。しかし、それゆえにこそ、一般の人間の女性の存在は負の価値として働くのである。いずれにしろ、鍛冶という仕事は、田村が指摘するように二律背反的であり、矛盾を含むものであることが示されている。

注

（1）　坪井洋文、一九五八年、二一五頁。
（2）　荒木博文を団長とする共同調査による。

(3) 井之口章次、三二二—三二三頁。
(4) 竹内利美、一九八四年、二七五頁。
(5) 岡田重精、一九八二年、三五五頁。
(6) 前掲書、一八四—一八七頁。
(7) 前掲書、三五五頁。
(8) 前掲書、三五五—三五六頁。
(9) 一九八三年。
(10) 水の儀礼的意味については波平は「水と信仰」と題する拙文を発表している(一九八四年)。水の再生のシンボルについてはミルチア・エリアーデが詳しく論じているし、またメアリー・ダグラスもそれが未分化、未分離のシンボル、したがって再生のシンボルとしてしばしば用いられることを指摘している。
(11) 佐喜真興英、一四八頁。

第三章　空間と時間とにおけるハレ・ケ・ケガレの観念

第一節　空間の認識におけるハレ・ケ・ケガレ

人間が生活している場としての空間は、自然環境としての山や川や海が存在し、あるいは植物や動物も生存している。耕地や家屋や祭場などの人間が作り出した空間や造形物もあり、空間はさまざまな意味を持つものに溢れていると言える。

それらの意味づけされた空間の中で明らかに「ケガレの空間」とでも呼びうる箇所がある。それらの多くは「危険な場所」とされており、「魔の場所」とされるような空間である。それらはまた儀礼の対象とされている。特別な空間として認識されているゆえに「危険な空間」とされ、その危険から人間は自分を守るために儀礼を行なう。儀礼の対象とすることによって、危険な場所はもはや危険ではなくなる。

しかし、これらの箇所はすっかり安全な場所として、他の特殊視されてはいない、いわば「ケの空間」となってしまうのかと言えば、必ずしもそうではない。儀礼を行ない、祭祀空間としながらも何かの折には人に災いをしたり、直接害を与えないまでも、異常なものが出現する空間になったりする。それはちょうど、次節で述べるように、ケガレの時間を魔の出現する時と考えて、それを祓《はら》うために儀礼を行なったとしても、完全に抑えることはできず、やはり魔的な時間としての性格が残されるのに似ている。

その認識は、一方では、魔の空間、ケガレの空間としての属性を弱めたり消失するための儀礼を行ないながら、他方ではその箇所へ居住区内のケガレを集めて捨てに行くというような儀礼を行なうことにも示されている。

三辻・四辻・峠・境

道が重なる辻、山の勾配の分かれ目となる峠、領界と領界との境目などを神聖であると同時に危険に満ちた場所とする認識は日本の民俗の中でさまざまな形をとって表現されている。道祖神、塞の神、庚申、地蔵や観音が伝説を伴ってこれらの場所に祀られている。

それらが祀られている理由を、祀る主体の人々は、この場所では人がよく事故に遭って怪我をするからであるとか、坂を登って来た馬が疲れ果てて度々死んだ、あるいは過去にこれこれの悲劇が起り、それ以来良くないことが頻発するので、これこれの神を祀るのだと説明する。あるいはまた、かつてこの場所である人が不思議な現象に出会ったので、再びそのようなことのないように通行人を守るために祀るなどと言う。または、外からさまざまな悪霊や悪神が入ってこないように、その来襲を防ぐために不動明王や塞の神を祀るなどとも言う。

これらの場所では、例えばウブメのように、死霊の中でも特にケガレが強いと考えられて、後生《ごしよう》の水を通行人からかけてもらうような死霊が出現する。ウブメは妊娠したまま死んだ女の死霊であることから、夜その辻を通る人に話しかけて、墓の中にいる子供のための乳をねだったりするという。また、峠や辻には広く「ヒダル神」[1]と呼ばれるものが出るといわれる。所によっては「ダル神」「ダリ」「ダニ」「ダラシ」「ヒモジイ様」「ガキ」「ジキトリ」「イザリガミ」[2]あるいは「ヒムシ」「コーケ神」[3]などともいう。

これらの神に憑かれると急に空腹を覚え、足腰が立たなくなり、冷汗が出る。あるいは腹が痛くなったり気を失ったりする。[4]そしてこの神が憑いたと気づいたら、何でもよいから食物を口に入れないと死んでしまう。食物がない時には木の葉をくわえるか、米という字を掌に書いてそれをなめてもよいという。また、ヒダル神に憑かれないためには、弁当を使う時には一箸だけでもよいからこれらの神に供えるとか、少し弁当を食べ残しておくとか、空腹のまま峠を越えないなどのことに留意しなければならないという[5]。

ヒダル神の正体は、首をつった人の霊であるとか、飢死した非人や乞食の死霊であるとか、行き倒れた僧や旅人の死霊であるとかいう[6]。これらの死霊が強いケガレの状態にあることは、これまでの論議から明らかであろう。つまり、非人、乞食、僧、旅人は、いずれも日本の民俗では神聖性とともに不浄性を合せ持つ存在とみなされていた。そして、その霊的力のゆえに時には危険な存在ともみなされた。それらの人々が、飢死あるいは自殺という普通でない死に方をしたとなると、ウブメと同じく、二重のケガレを持つ死霊であり、したがって、ケガレの度合いが弱められないかぎり、生きている人間にとっては危険な存在である。しかもこれらの死霊はいずれも漂泊者や旅人であり、無縁仏となっているため通常の供養を受けることはなく、死のケガレは弱められない。

ある神が「ヒモジイ様」などと呼ばれるゆえんは、それが常に欲求不満の状態、飢えている状態にあることを示す。ウブメが乳や食物を求めるというのも、墓の中の子に与えるためだと言われはするが、ヒダル神と同じく、飢えて満たされない存在である。第二章第一節で繰り返し述べたように、死んですぐの死者儀礼でも、死者があたかも飢えているかのように盛んに食物が用いられる。

ケガレが強い状態にある者が「飢えている」と表現されることは、飢えている者に対しては他の者が食物を与えなければならないように、儀礼を行なうことによってケガレの強い死者に食物をはじめ、さまざまなものを与えなければ、死者はそのケガレの状態から抜け出ることはできない。前章で述べたように、頻繁な儀礼のみがケガレを祓うことができるのであるから、「飢えている」死霊は頻繁な儀礼を要求する死霊であることを意味する。つまり、「飢えている」ものを満たすことは、儀礼によってケガレを祓うということと同義である。

辻や峠など、危険とされる場所はつまりケガレの空間であり、そのケガレの空間に「飢えた」ものが出現する。飢えたものをそのままに放置しておくと、ヒダル神に代表されるように危険な存在となる。たとえ一箸なりとも供え物をしてやらないと人に害をなすのである。

一方、このようなケガレの空間に身を置く者は自らが飢えているとやすやすと災いを受ける。第二章第一節の中で取り上げた、徳之島徳和瀬で、埋葬後の死のケガレを祓う儀礼が行なわれている最中、他家の人々は、自分が腹をすかせていると魂が抜け出し、死のケガレを付して捨てられた食物を拾うようなことがあってはならないと言って、腹一杯食べる。この習俗に見られるように、ケガレの状態にあっては生者は飢えていてはならないのである。埋葬や湯灌などに携わる人が盛んに食物を口にするのもこのような配慮による。

ところで、生きた人間が飢えていない状態、満たされた状態にあるということは、飢えたものに施しをする能力があること、すなわち儀礼を行なうことが可能であることを意味するし、飢えていればそれができない。つまり、ケガレの状態から抜け出ることはできないのである。

以上のように考えてくると、これらの例は、ケガレとは、桜井徳太郎や薗田稔が主張する、生命エネルギーとしての「ケ」が枯れた状態であるという説を支持する好事例であると言えよう。しかし、この説明だけでは、飢えたものが、なぜ辻や峠に出るのか、峠や辻がなぜケガレの空間として認識されるのかについての説明はできないのである。

境界に出現するものが食物を要求する話に鯖《さば》大師の説話がある。漁師（ある男）が農村へ鯖を売りに行こうと馬に魚を乗せて坂道へやって来たところ、汚い、、、なりをした僧がその鯖を一匹くれと言う。漁師はその頼みを断ったところ、急に馬が動かなくなった（あるいは鯖が腐ってしまった）。その貧しい僧は実は大師であった。そこでこの大師の出現を契機としてその場所に鯖大師と称して祀るようになったという。この話にはさまざまなヴァリエーションはあるが、次のような特徴を備えている。

(1)　汚い乞食のような僧が出現したのは坂であり、農村と漁村との境である。柳田国男は「鯖大師」の中で、農産物と海産物が交易されるのに使われた道の境目を霊地としたことから祀られたのであろうと述べている。

(2)　出現したのが汚い貧しいなりをした僧であり、食物（鯖）を乞うたこと。

(3)　その願いを断ると、何らかの形で祟《たた》られたこと。

鯖大師はヒダル神よりも積極的に食物を要求したのであり、それだけ強く、儀礼がその地点で行なわれることを求めたことになる。換言すればダリ神よりも祀られるための要件が多いのである。①物理的に平地と丘陵地の中間的空間であること、②農村と漁村という異なる社会集団の生活領域の接点であること、③不特定多数の人が多方向から集まって接する市《いち》が成立する空間であることから、私のこれまでの論旨に従えばケガレの傾向が強くなる。

ところで、これらの中間領域としての空間は危険の多い箇所であるとして儀礼を行ない、それによってその危険性を低め弱めようとするだけなのかというと必ずしもそうではない。むしろその「ケガレの空間」としての属性を明確にし、代りに、その空間から脱した所でそのケガレを祓い清めるという形をとることがある。

壱岐島の勝本浦の場合、漁村をとり囲む丘陵の中腹は寺院と墓地の空間になっている。漁村全体を見渡すことのできる勝本湾内の海上から見ると、漁村全体を取り囲むように丘陵地が背後にあり、その丘の上には農村地帯が広がっているのである。その中間部分はびっしりと墓地が連なり、そのほぼ中央に寺院がある。墓地はよく整備されてはいるが、それが日常生活上便利であってもこの地域を通路とはしない。むしろ、道路の発展の過程は人々の伝承や氏神社に残る絵地図から見ると、この中間部分はかつては東西を結ぶ道路になっていたと考えられるのだが、海岸沿いの道を江戸時代から埋め立てなどによって拡幅し、この地域は墓地専用の空間とし、ケガレを封じ込めたようである。(7)

道路の交叉する地点を危険な空間だとする考えは南西諸島ではもっと明確で、道路の交叉する側にある家や、道路がカーブしていてその曲り角にある家の壁や門には石《いし》敢《がん》(散)当《とう》の護り石が置かれている。外からやって来る邪悪なものがそこに寄りつどうという信仰がある。石敢当を祀る(というよりそこに据える)ことによって、それら邪悪のものを弾き飛ばそうというのである。徳之島の上面縄《かみおもなわ》の集落の中のある三辻は耳の無い豚のばけものがよく出ると言われている。この豚に股の間を通られると死ぬと言い、夕暮れ時には特に気を付けないと危険だと言う。この三辻には石敢当の石柱が立てられ、さらにその石には格子状の九字の印が刻み込まれている。

奄美本島や徳之島では、一九八〇年代後半の私たち（吉田禎吾・板橋作美・波平）の調査当時でも多くの人がケンムンと呼ばれる妖怪の存在を信じている。これは赤い毛に覆われた子供ぐらいの大きさで、人にさまざまないたずらをし、時には死に至らせるという。人々はこのケンムンに出会うことを極度に怖がり、ケンムンが住むというガジュマルの木を道路拡張のために倒したブルドーザーの運転手が次々と怪我をしたり病気になったりしたという話を、ケンムンの祟りだと信じている。このケンムンのすみかは川の淵、浜と人家の境目、海岸の洞窟、ほら穴、低い瀬、岩、村境、辻などであり、吉田禎吾は、それは浜と人家の境目、村境、辻などの両義的、境界的な所であることが注目されると述べている。(8)

石井進は、「坂と境」と題する論文において、柳田国男の『石神問答』を始めとする研究から、それを受けての折口信夫の研究を紹介しながら、古代から中世において坂（境）が常に信仰の対象となったこと、またその空間は両義的な宗教的価値を持ってきたことを、山口昌男の『文化と両義性』に拠りながら明らかにしようとしている。その論旨はおよそ次のようなものである。

古代の人々は山や峠路にはしばしば「荒ぶる神」がいて山越えの人を苦しめると考えていた。奈良時代につくられた諸国の風土記の中でも『肥前国風土記』の基肄《きい》郡の条に「路《みち》行く人多《さは》に殺害《ころ》され、半《なかば》は凌《しの》ぎ、半《なかば》は殺《し》にき」とあるのはその典型的な描写とされている。記紀にも、日本武尊《やまとたけるのみこと》が、記では足柄《あしがら》の坂において、紀では信濃と美濃の間の信濃坂（神坂《みさか》峠）において、山の神が白い鹿の姿になって現われ尊を襲おうとした。尊は食べ残した蒜《ひる》で撃ち殺したとある（傍点は波平）。それまでは信濃坂を越える人々の多くは神気に当って病みふせていたが、以後は蒜をかんで人や馬に塗ればその災いをまぬがれることができるようになったという。

『万葉集』の歌からは、坂の神は恐ろしい神であり、ヌサ（幣）をたてまつり、秘めている恋人の名を告げなければ無事に通過させてはくれなかったことがわかる。坂の神にヌサを供えることがタムケ（手向）であり、タムケが転じてタウゲ（峠）となったとの説もあり、平安後期から鎌倉になると、坂は手向と表記されるようになる。

古代の東山道《とうさんどう》で難所とされた峠からは多数の石製模造品や土器・瓷器《じき》が出土するが、これはヌサに付けたもののうち、保存に耐えるものだけが遺存したのであろう。諏訪盆地から蓼科山をこえ佐久平へ抜ける道の最高点である雨境《あまざかい》峠の近くには多くの塚があるが、これらの塚からは銅銭やナギ鎌が出土する。これは、おそらく中世に入ってからこの峠道を通る人が無事を祈って、古代のヌサに代るものとして供えたのであろう。

峠ではヒダル神などと呼ばれるものが出現し、急に空腹を覚える。とりつかれた時は食物を食べて残りは捨てるとか、食物や水を供養するとよいとされる。これは古代の坂の神、山の神の零落した信仰であったのだろう。

中世の鎌倉は、源頼朝が幕府を創設して以来急速に発達した都市であるが、それはまた多くの坂に囲まれた町であった。その内の一つに化粧《けわい》坂があり、それを登りきった台地には市がたち、遊女が集まり、またそこは墓地でもあり刑場でもあった。化粧坂に対する名越坂は鎌倉の重要な要塞地帯であったが、同時にまた鎌倉の人々の墓地でもあった。

鎌倉が海へとつながる由比《ゆい》ヶ浜・材木座海岸はかつて前浜と呼ばれていた。ここは商業の地であるとともに刑場であり、かつ墓地であった。先の化粧坂と同じ属性を持つ空間である。まさに地形上、地理上の境界は、柳田が『石神問答』で早くに指摘しているように、両義的空間である。さらに言うなら、鎌倉の坂や境は鎌倉仏教の隆興のきっかけとなった地域でもあり、鎌倉仏教は、鎌倉を囲むこれら境の空間を抜きにしては語れない。つまり、鎌倉は前を海、後背を丘陵で囲まれていたが、その鎌倉という都市空間を他と区切る境界空間はさまざまな意味で特別な役割を果していたのである。

以上が石井論文の概要である。峠に対する信仰が古代から現在までいかに長く続き、峠はその属性を変えることなく人々に対して存在してきたかを明らかにしてくれる論文である。なおヒダル神を山の神の「零落した」形と見るかどうかは再考の必要がある。石井は柳田、折口をはじめとする民俗学の「カミ」に関する認識を受け継ぎ承認したものと考えるが、妖怪の問題も含め、「カミが零落する」とはいったい何を指し、零落する以前のカミはどのようなものであったかという問題はそれほど検討されていない。

記紀の日本武尊の前に現われた山の神は白い鹿の姿をしており、尊の「食べ残しの」蒜の切れ端で撃ち殺されるような神である。また、ヌサを供えることが、時代を下るにつれて、銅銭や鎌などの金属品へ、そして柴の枝や弁当の食べ残しといったものになることを「零落」の一つの証左とするとすれば、かつて「ヌサを供える」とは何を意味したのかが明らかにされなければならない。日本武尊の話は、逆に当時の人が峠を越える際に蒜を身体に塗り、その臭いが山の神を斥けると信じていたことの説明神話と考えることもできる。

峠をはじめ、境界的なものは「両義的」であるよりむしろ「多義的」である。それは、石井自身の鎌倉の研究によって示されている通りである。峠の神は、古代より蒜の臭いで殺されるような神、人が食物を食べていると、空腹のあまり出て来て姿を人前に現わすような「零落した」面もすでに持っていたのではなかろうか。私はかつて拙文「水死体をエビス神として祀る信仰——その意味と解釈」（一九七八年）において、エビスと山の神との関係を論じたことがある。その中で、「境界的・両義的性格を持つ信仰の対象は、あたかも磁力を持つかのように他の両義性を引き付け、その両義的性格を強めているかのように思われる」と述べたが、その考えはいまでも変っていない。

道祖神、塞の神が性的要素を持つ神として示されたり、性的な病気に験があるとして信仰の対象にされる。辻そのものが何か性的な要素を持つらしいことは例えば次のような呪術が辻で行なわれることからもうかがえる。和歌山県有田郡南広町では夫または恋人の男が他で情婦をこしらえた時には、妻は土で男根を作り、それを深夜の四ツ辻で祈りをこめながらホウラクで炒ると、その夫（ないし恋人）は他の女性と性交が不能になるという。[9]遊女が辻に立つので「辻君」と呼ばれるようになったということも、辻と性のつながりを示すものであろう。

辻をはじめ境界的空間はさまざまな次元の異なるもの、分類の異なるものが交叉する所である。性交は、男性と女性という異なる属性を持つ存在が接するという意味で境界性を象徴するものである。性が聖性を持つとともにケガレ視されるという両義性もまた、境界性と結び付く要因である。松田修は「聖・性・恥――神話のマトリックス」と題する論文の聖的空間と性愛の問題を論じた箇所で、『日本書紀』本文において、イザナギ・イザナミ二柱の神が「天浮橋」の上に立ってヌボコでかきまわし、その矛の先のしたたりとしてオノゴロシマを得たということを性愛表現ととれば、天浮橋とは「上下構造であれ、水平構造であれ、異界と現界をつなぐ『浮橋』という、空間機能それ自身で、自明としての聖性を担っていた」と述べている。[10]

性愛の形をとる塞の神や道祖神が異界から入って来る邪悪のものを防ぐという信仰は、柳田国男が「橋姫」の中で「即ち男と女と二人並んでゐるところは、最も他人を近寄せたくない処である故に、即ち古い意味に於ける『人ねたき』境である故に、もし其男女が神霊であつたならば、必ず偉い力を以て侵入者を突き飛ばすであらうと信じたからである」(11)という説明通りであろう。森鷗外が『ヰタ・セクスアリス』の中でも述べている、江戸時代武士が武具とともに春画をしまい、泥棒除けとしたというのも同じ信仰による。辻や峠、あるいはさまざまな境界は中心から見れば周辺部にもなるわけで、その意味でも多義的空間である。

「意味づけされた」空間とケガレ

松田修は先の「聖・性・恥――神話のマトリックス」の中で、山や川などの自然と聖域（ハレ空間）とは直接的につながらない、むしろ、ある空間で聖なる行為を行なうことによってそこが逆に聖性を獲得するのではないかと述べている。松田は記紀神話や『常陸国風土記』あるいは『日本霊異記』などの物語を材料に、聖空間というものが人工物によって作り出されると言い、その一つとしてスサノヲが高天原で犯した罪のすべてが自然そのものではなく、人間の自覚的な営為とその結果（畔・宮殿・服殿）に対する侵犯であると言う(12)。

奄美大島の各地には「ノロ屋敷」と呼ばれる空き屋敷があり、多くはそこへ住むことはもちろん立ち入るのも危険だと信じている。うっかり入り込んで病気になった人がいるとも言う。かつてノロ祭祀が行なわれた場所もやはり立ち入ると祟られるという。本土でも、かつて神に供える稲を栽培していたと伝えられる田が祟り地となり、耕作せずに放置していることもある。(13)

ある空間が神聖な空間、ハレの空間とされていたが、逆に祟りの起りやすい、いわばケガレの空間となる例は多い。これは次のように解釈できないであろうか。ある理由によって一定の空間が選ばれて聖なる空間とされる。そこで祭儀が行なわれることによって、その空間は一層神聖空間として意味づけされる。

ところが奄美のノロ祭祀の例のように、何らかの事情によって信仰体系が変り、あるいは経済的理由によって祭祀が従来通り行なわれなくなる。しかし、祭祀が行なわれなくなった後でも、いったん「意味づけされた空間」は他の特別視されていない空間と混り合うことはなく、長い間にわたって特殊に意味づけされたまま残る。そしてささいな事例をきっかけとして、あるいは何の事故がなくとも、儀礼を止めたというそのことのためにハレの空間は容易にケガレの空間となるのである。

祭祀が行なわれたハレ空間でなくても、人が常時住んだことのある空間が、あるいはかつて農地であった土地がある種の意味を持つようになり、そしてそれは、一度も人が住んだことのない土地や耕されたことのない土地のような、特別の意味を持たない土地には戻らない。

松田修は、谷川健一・吉田禎吾との「魔の諸相を語る」と題する座談会において、谷川健一の、畑を放ったらかして草木がぼうぼうと茂って荒れ果てることを「ヤマニナル」と言うという発言を受けて、「ヤマ」が日常性から離れて、何らかの霊能を持つもの（空間でも人間でもよい）を指す言葉として正であれ負であれ、特別な意味を担っており、空間で言えば非日常的空間であるという意味の発言をしている。つまり、いったん人が耕した土地は耕し続けなければ魔の空間、ケガレの空間となるのであり、意味のない唯の土地になるのではない。

昭和五十年代の初め、私が会津盆地を訪れた頃、減反政策への抵抗がもはや不可能となり、強制的な実施が始まったばかりであったが、多くの農家は青田刈りの形を取っていたものの、中には耕しもせず雑草がおい茂っている田が数ヵ所出始めていた。ムラの人々はその田を見ると涙が出ると言い、老人は、「いつかきっと罰が当る」と怒った。この表現には水田を大切にする気持ちがある一方で、田を意図的に荒らすこと、あるいは荒れた田を不吉なものとして忌む気持ちがあったと考える。

村武精一は「沖縄本島・名城《なしろ》の descent・家・ヤシキと村落空間」と題する論文の

中で、「イナヤシキ（不在ヤシキ）」の問題を扱っている。名城では一九七〇年の調査当時、二百戸弱のうち三十三戸がイナヤシキであった。イナヤシキは名城の親族体系にそって「正統なる」継承者を持つヤシキと、継承者が他村落で生活していて、そのムラにはいないヤシキとがある。前者にはユタの託宣によってそこに住まない方がよいと言われそこを明け渡している例がしばしばある。

これらのヤシキには先祖の香炉が祀ってあったり、ヤシキの東側に神屋（aʃagi）を設けて「神香炉」を祀っている。その外に、住むことができないとされるヤシキがある。それは家ヤシキの家相、位置、風水などが悪いというユタの託宣によるもので、ここに住むとさまざまな不幸に遭うと信じられている。住み得ないとわかっていてもそれを人に売るということもない。これらのことから、村武は次のように述べている。

土地を四角く切って石垣で占取したヤシキを、単なる居住機能上の、あるいは所有財産上の性格のみで規定するわけにはゆかない。ヤシキは先祖そのものであり、新旧にかかわらずヤシキは呪的・霊的空間を構成しているし、日常的空間と非日常的空間とを統括した場である。ヤシキについてのさまざまな儀礼や観念の諸相はそうした事実をよく示しているし、家ないしヤシキを新築した時、「基礎石に対する祈禱」「ヤシキの落ちつきの祈禱」「家屋新築の祈禱」などが行なわれること、また「ヤシキに押される」と言って、ヤシキに住む人や動物に起る不可解な現象を説明することにも示されている。つまり、人々はヤシキにひそむ呪的・霊的存在の働きを認め、したがって、ヤシキはそこに人が住まなくなってからもある〈生命〉が存在するものと考える(14)。

私の調査した会津盆地のある農村ではかつて「屋敷分家」というものがあった。幕末から明治期にかけて洪水や商売の失敗で離村する者が相次ぎ、また死に絶えて屋敷が空いてそのままになるようなことがあると、その屋敷の所有者が所属していた同族団の者が相談して、親族集団から適当な男女を組み合わせて夫婦とし、その屋敷を所有させ家を再興させた。中には数十年間も空屋敷になっていた場合もあったという。

昭和五十年代でも、このムラは同族団間の拮抗が激しく、家の数が同族団の勢力を示すものと考えられていることから、家数を増やすための処置とも考えられるが、同時にまた家屋敷をそのままにしておくことを忌む気持ちが強いのであろう。また、資力のある者が没落した家から屋敷地を買い取り所有している例が数件あるが、いずれの場合も畑地にしていて建物はいっさい建てようとしない。その理由は経済上の所有権のみでは屋敷を所有することにはならず、かつての屋敷分家のような形で「正統に」家を継ぐ者を指定してようやく家屋を建て、そこに居住することができると考えているようである。同じ同族団の者が所有している場合でも、離村者の現在の状態からして、帰村して以前の自分の屋敷地を買い戻し、再び居住することは到底不可能だと考えられているにもかかわらず、所有者は「あの人達が帰ってくるかも知れないから」と言って空屋敷にしている(15)。

会津の場合は村武の報告している沖縄の場合ほど明白に屋敷の霊力というものを認めてはいないものの、基底には、うっかり居住すると祟られるという恐れを抱いているると思われる。また、屋敷の霊的力の存在を示すものとして屋敷神がある。屋敷神はそれを祀り始めた人がその屋敷を売ると、屋敷神は祭祀主とともに移動することなく屋敷に留まり、新たな所有者は屋敷を前所有者から引き継いだように、それを祀る義務も継承する。

周辺的空間とケガレの観念

境界的な空間は、ムラのように人々の認識のうえで切り取られ閉じた空間（他と社会的な結びつきや接触がないという意味ではない）の中心から見れば周辺的、周縁的な空間である。虫送りや疫病神送りの際、ムラ境にケガレをまとめて捨てに行くのは隣の村へそれをもたらすことになり、隣の集団にとっては迷惑なことであって、実際隣から送り込まれた虫神などを順ぐりに次のムラへと送って行った。(16)これらの虫神や疫病神はまた川や山や海に送られたり流されることも多い。

長崎県五島の虫送りは麦ワラ舟に人形を乗せ、村内を巡回したあとで海へ流す。(17)埼玉県比企《ひき》郡都幾川《ときがわ》村大野の送神祭では、新しく作った神輿《みこし》をかつぎ、旗をもった行列は神社を出発し、村内をめぐったのち村境につく。そこで宮司が太刀を抜いて、太刀祓の儀式をしたあと、行列の人々は災厄を付けてまわった旗竿を崖下の川めがけて投げ込む。(18)

静岡県庵原《いはら》郡両河内《りょうごうち》村では、疱瘡が流行すると必ず赤い幟《のぼり》を作り、竹で疱瘡棚を作り疱瘡神を祀る。疱瘡が下火になると禰宜《ねぎ》に頼んで河原で疱瘡神を送り出す。その折、疱瘡がすんだ人は赤い旗をかつぎ、のがれた人は袋担ぎといって袋をかついで河原に行き、疱瘡神の御神体を流した。(19)

虫や神を山へ送った例もあり、八丈島の大賀郷には「虫の山」というものがあったことが『八丈実記』巻三に見られる。それは実際には三間四方の椎木山であったが、ここに田畑の悪虫を封じ込めたという。[20]

密教や修験道による教化もあって山はハレの空間としての性格が強いが、一方では死霊（祖霊）は山に在るものという信仰も一般的である。かつての葬送は死体を山へ送る遺棄葬であったかどうかの問題は、両墓制の問題と並んで、民俗学が長く研究の対象にしてきたのであるが、南西諸島において祖霊はムラの後背の山にいると信じているのではないかと思われる儀礼がある。

その一方で、また海のかなたあるいは海そのものが死者の世界だとの観念も明白である。墓地は山の麓にも海岸にもあり、前々項の石井進の論文の示すように中世期には死体は海岸に葬られた。勝本浦では先述のように、現在はもちろん、江戸時代の年号の墓石が見出せることから、少なくとも江戸中期以降は後背の崖の中腹に死体を埋葬してきた。しかし西側海岸の現在聖母《しょうも》神社が祀られている場所にはかつて九百九十九体の死体を埋めたという伝説があり、実際、昭和二十年代に発掘したところ大量の白骨が出たという。

南西諸島にしても、現在の墓地（中にはすでにムラの奥の場所で、海岸から離れた所へ移転させられているものもあるが）は海岸沿いにあるものの、仲松弥秀の説ではむしろムラの中央より奥ないしは高い所にある草分けの家の横が墓地でなかったかという。[21]

讃岐の弥谷山《いやだにやま》、栃木県下都賀郡の岩船山などは遠隔地から人々が自分達の祖霊に会いに行く場所である。弥谷山の場合は死後三日から二十日までの間に行くし、年の暮れの二十日に行くこともある。その時死者の髪の毛や着物を持って行く。弥谷山の弥谷寺に髪や着物を納め、墓谷で新仏の戒名を記した経木へ樒の枝で水をかけその霊を弔う。岩船山では栃木県内だけではなく群馬県からも春秋の彼岸はここに詣でる。亡くなった祖先の霊がここに現われると信じている。[22]

福島県大沼郡河東町の冬木沢は会津磐梯山の西山麓にあり、盆の十三日の夜明け前には会津盆地の各地から人が集まる。新仏のある家では必ず家族そろって参る。昭和二十年代までこの境内には多くの口寄せをする盲目のワカと呼ばれる巫者がいて、遺族に頼まれて死者の口寄せをしたという。昭和五十三年夏に私が観察した時にも、数百台の車で冬木沢へ通じる道路がびっしり埋めつくされていた。どの家からも必ず一人は冬木沢詣でをするという。山へは、ケガレがすっかり清まった祖霊のみが行くのではなく、死んで間もない死霊も山へ行くという信仰が明らかに示されている例だと言えよう。

冬木沢の八葉寺は空也上人によって開基されたと伝えられるが、かつて空也がこの地を訪れた時、会津の人々は死体を埋葬しそれを葬うことを知らず、死体を山に捨てていた。冬木沢はその中心であり、あたかも死体の山のようであった。空也はそれを嘆き、会津の人々に仏法を広めるとともに埋葬することを教えたという。今日でも新仏の髪と爪とを持って参り、五センチ立方ほどの小さな五輪塔の形をした木製の箱に入れて境内の各所にあるお堂に納める。それは、かつて死体をこの地へ遺棄したことの名残りであるという。

川や海は清浄な空間とされ、神社の祭礼の時に御輿《みこし》洗いなどと称して水中に入り、また神事に携わる者は水中で禊をする。水がケガレを祓う霊力を持つことは記紀神話において、イザナギが黄泉国から帰って来て身を清めることにも示されている。しかし川原や海岸はまたケガレの空間でもあり、平安時代京都において死体は山へも運ばれたが、鴨川の川原にも運ばれたのである。人が居住し、生活を営む空間には中心としての空間があり、そこから見て周辺となるであろう山の麓や川原あるいは未開墾地は、また、所有も区画も明確でない漠然とした空間である。

南西諸島は本土と比較すると、空間や方位についての世界観が明確に示されている社会である(23)。屋敷の周囲をぐるりと珊瑚礁の石垣でめぐらし、門の入口正面にヒンプンなどと呼ばれる塀を設けることはその世界観の表われである。家屋の屋敷内での配置、家屋内での各部屋の配置とその儀礼的意味づけ、家族員と家屋の内部の利用の定式化など、村武精一が先の論文で詳細に示したように、それらの関係は精巧精緻であるとさえ言えよう。

そのことはまた、切り取られ、囲まれ、区分された空間とそうでない空間、中心的空間と周縁的空間との対置をきわ立たせることになる。奄美大島や徳之島のケンムンは、そのような漠然とした空間、切り取られて残った空間に出没すると信じられている。

次の項で述べるように、周縁的な空間はまた「異界」と結び付く。此界と彼界、人間が住み支配する空間と人間以外の支配下にある空間の境界にあるのが周縁的空間であり、人間の視野に入ってはいるものの、完全にその内に存るのではない。周縁的空間はその背後に「異界」を持っているのである。このような中間的な空間が両義的意味を持つことはこれまで見てきた通りである。

海水が洗う海浜や川の水が時には覆いつくし、時には現われ出る川原や、山と平野部とを結ぶ山麓は周縁的空間であるがゆえに、彼界・異界の支配下にもなれば人間の支配領域にもなる。清浄な空間ともなればケガレの空間ともなる。身を滌《すす》ぐ場所ともなればケガレを捨て去る場所ともなる。ケンムンがそうであるように、河童は人間的要素を持ちながら決して人間ではない妖怪である。両義的な存在である。[24] 河童が川原や橋のたもとや橋の上に現われて人間にいたずらすると信じられたのはそれらの場所が境界的であるからだといえよう。

横井清は「中世における卑賤観の展開とその条件[25]」と題する論文において、平安末期から「河原者」という語が「穢多」や「非人」とどのように交錯しながら使われ始め、それが賤視、卑視の強化、差別の強化とどのように関連しながら定着し、そして、近世になると、単に賤業に従う者という漠然とした一般的用語というだけでなく、特定身分として定着していったかについて鋭い考察を示している。その論旨は次のようなものである。

例えば、鎌倉末期に製作されたと見られる『天狗草紙』には、この当時すでに賤業視された鳥の捕獲や調理あるいは皮革生産などに従う者が、一定の場所に集まって生活し、それが四条河原であったことが示されている。また、室町中期文安元年（一四四四）の『下学集』の「穢多　屠児也　河原者」の記載に見られるように、穢多という蔑称が、その主たる生業と居住環境と結びついていたことなどから、「いわゆる穢多と河原の地との密接なつながりは覆うべくもない。元来河原者という語は穢多について、その居住環境の側面からこれを規定したものかとさえ思える[26]」。

坂もまた「穢多ヵ所」であったが、「ただ大略のこととして、非課税地という好条件によって穢多の住処が多く河原に求められたのであろう[27]」。

「河原者・穢多の語は、最初にみておいた諸史料の表現からみるかぎり、すでに言われてもいるように室町時代からほぼ同義語に近いものとして用いられていたと思われる。……河原者が、穢多ばかりでなく、複雑な構成員からなっていたことはよく知られている。屠殺・皮剝・清掃・物貰い・雑芸人等々のほか（細工丸もいた）……このように等しく河原者というも、その出自も、そのあり方も全く種々様々なのが実情であった。そうした河原居住の細民たち一切が河原者の一語に包括され、総じて卑賤視の対象となったことを、更めて考慮する必要があろう[28]」という。

横井はさらに、原田伴彦の「穢多は、中世賤民の中の局所的名称にすぎなかったのではないか」という推論を支持している。そして、「賤民」的階層のうちの一存在形態に対する蔑称としての「穢多」と、総体的表現として「河原者」とがあり、古代末から中世初期にかけて河原の地へ流入することを余儀なくさせられた人々を生んだその社会的背景および「河原的環境」の研究へ視点を向けることを提唱する。

横井はまた、その生業について次のように言う。河原者の特徴は農耕生活の離脱であり、農業以外の部門における生業は、それ自体が伝統的な農村社会の倫理と習慣にそぐわぬものとして映った。その背景にはまた、鎌倉末期から戦国に至るまでの歴史的流れの中で、「惣」的結合体としての村落共同体の形成があり、それと裏腹の関係としての、村共同体を維持してゆくための規制の成立、それに違反した者の共同体からの追放、よそ者の排除という現象があった。いったん共同体から追放された者は再び農村生活へ戻ることはできず、放浪者となり、どこの領域にも指定されてなく、課税の対象にもならぬ河原に定住するようになった。横井はそこで、「かかる郷村制の展開期をそもそも重要視すべきではなかったか」と言うのである。

河原が他所から流入する土地なく家なき人々が定住する空間となったことと、京都という、道路と門と建物によって、あるいはそれぞれの箇所で行なわれた道饗祭《どうきょうさい》のような儀礼によって、切り取られ区切られた空間の周縁としての意味を鴨川の河原が持たされたことは当然結び付くことになったであろう。その空間が両義的性格の一方を強められ、もっぱらケガレの空間としての意味を持つようになると、他の要因とも重なって、その空間に住むというそのことのみで、ケガレがその人々の属性とされる。空間がある特定の意味づけをされると、その空間に居住したり、その空間を利用するその人の属性よりも、その空間の属性が優勢になり、結果として、その人の属性となる例と言えよう。

異界とケガレの観念

記紀によれば、日本人が古くから自分達が住んでいる世界と、その世界と異質な世界が存在しているという認識を持ち、その異質な世界について、またその世界の住人について矛盾するイメージを描いてきたことがわかる。そして、異界から何かのわけあって人間の住むこの世界にやってくるものに対しても、その矛盾し相反するイメージを反映して、自分の世界の人に対するのとは異なる態度で接したのである。ただしその異界は、例えば自分の住むムラを中心とするといわば同心円状に限りなく広がっているような認識であるらしい。

自分のムラ以外のムラもある意味では異界であり、疫神や虫神はよそのムラから入ってくるとして、病気が流行ると、先に疱瘡が流行した際の屋久島の例について述べたように、外からの交通を遮断する。また、奄美大島の阿室の例のように、火事のあとのムラ内の清めをするのに、不浄がかかった人は例外として、ムラの人々は外へ出さず外から人も入れないという形をとった。

一九七九年から八〇年にかけて私共（板橋作美・波平）が奄美地方のあるムラへ行った時、そのムラの人とのインタヴューが終わったあと別のムラへ行こうとすると、

「あのムラの人はマジムン（呪詛）をするというから気を付けなさい」と言う。さて問題にされたムラへ行くと、そのムラの人が「あなた達はこれから〇〇（ある行政区）へも行くのか」と聞き、「あの地帯ではマジムンをする人が多いというから気を付けなさい」と同様の注意を受けた。

これらの人々が言うマジムンとは食物や飲物にクチヲイレル（呪詞を唱えて呪う）ことを言い、そのような飲物や食物を食べると腹痛などの病気になることを言う。この人々の態度には大きな矛盾があり、一面識もない私共のような遠方からやって来た者を手厚くもてなしてくれ、貴重な時間をさいてさまざまな質問に答えてくれる。一方では、同じ島内に住み、知人もいるであろう別のムラを「マジムンをする人が住む」所だと、遠方から来た我々に教えるのである。

外から自分の世界へ訪れてくるものにはさまざまあり、神、祖霊、妖怪、鬼、厄神、旅人、乞食、さまざまな技術者、物売り、宗教者等々、あるものは定期的に訪れ、あるものは一回きりで、またあるものは唯通り抜けて行く。これらに対し、あるものは自分達とさまざまな接触を保つ。あるものは善をなし、あるものは悪をなす。よそから訪れてくるものの多様性はまた、人々の異界に対する認識の多様性を示している。折口信夫のマレビト信仰の分析は、この異界や異界から来るものへの正の側面、善の側面を明らかにしたものである。一方、柳田国男の、山人を始めとする山の住人についての諸論文㉙から明らかなように、山という「異界」に住むものは、里に住む「此界」の人間とは異なった、里の人から見れば下等な暮らしをし、姿形は異なり、時には里の人々に害を与えるものというイメージを日本の広い地域の人々が抱いていたことがわかる。

正月行事の終わり頃にムラへやって来る鬼も、季節の変り目に訪れるオコトも、信仰の内容からして異界から訪れるものとも考えられる。各地に残る伝説にも、旅人から殺された話㉚もあれば、旅人や巡礼が「死んだ」あとムラ人に祟るので祀り始めたという話もある。山の神が「怒りっぽい」という言葉も、異界から訪れるものが矛盾した性格、相反する属性を持つものと認識していることを示している。つまり、手落ちのないよう、タブーに触れないように祀れば人に幸いをもたらすが、もし手落ちがあればたちまち怒って人に祟るという神のイメージである。

大分県日田郡の山村では次のように信じられている。つまり、山の神はイノシシとキツネの二種の眷《けん》族を従えている。イノシシは山の神の善い方を現わし、山中で働く人を助け、その足を軒先に吊して魔除けとするように、人に善をなす。一方キツネは野狐《ヤコ》となって、山の神が怒った時、人に祟る。

同じ存在が矛盾する属性を持つという認識は四国の南西部の農山村でもみられる。四国の他地方と同様、ここでも弘法大師を文化英雄とする伝説があり、ムギの伝来者として伝えている。

一方、このムラの犬神筋と呼ばれる、信仰に基づいた特殊家筋は弘法大師が犬が吠えかかったのを怒って、その犬を首まで土中に埋めて飢えさせたうえ、首を切って殺して以来このムラに存在するようになったとも伝えている。同じ人が善と悪の双方をなすというのである。弘法大師はムラムラを旅する人であっただけでなく、唐という異国に住み、異国的なもの（麦も含めて）を多く持ち帰ったという意味でも「異人」なのである。

吉田禎吾は「よそ者・来訪者の観念」[31]の中で、山陰や北関東の犬神筋や狐持ち筋が、外からやって来た者によってそのムラに定着したと言われていることを記し、「日本の伝統的な〈よそ者〉の観念と憑きもの筋との結合は、日本の村びとの〈内〉に対する〈外〉ないし〈よそ〉の対置にも由来すると思われる。……〈内〉の中の関係が緊密で（必ずしも親密であるとは限らないが）あればある程、〈外〉との接触が少ない程、〈よそ者〉は〈われわれ〉、〈仲間〉たちにとって潜在的な敵であり、加害者たりうる。〈よそ〉からきた者が神秘的に危険視されるのは日本にかぎったことではなく、世界各地の民族誌的資料にも同様な現象がしばしば見られる」[32]と述べている。

また、異界については、「日本の村にかぎらず、世界各地の伝統性の強い社会では、〈内〉と〈外〉、〈村〉と〈叢林〉、〈村〉と〈森〉という二元的分類が顕著にみられることが多いが、〈外〉・〈よそ〉・〈叢林〉・〈森〉は危険な恐ろしい空間とみなされていると共に、また神秘的な良い力に満ちた場所とされていることもある。こういう両義的な〈よそ〉の世界からやってくる異人は、危険視されると共に、コンテクストの違いに応じて幸をもたらす呪術宗教的性格をそなえた者と考えられやすいといえるのではなかろうか。浄と不浄、善と悪、幸と不幸、神性と魔性は一方において互いに対立するが、コンテクストに応じて、つまり別の対立物との関係では、これが互いに転換し、魔性は神性に変ることがある」[33]と論じている。

さらに、「このように、日本の〈異人〉〈よそ者〉の観念にみられる両義的側面を捉えるには、マレビト、寄神、客神、エビス神などの歴史的に由来する信仰や観念を知ることが重要であるが、それと同時に二項対立における両者の媒体は神秘性を帯びるという仮説が役立つように思える。つまり、〈よそ者〉〈異人〉〈漂着物〉は、〈内〉と〈外（よそ）〉、〈この世〉と〈あの世〉との二項対立の〈媒介者〉〈媒介物〉であることとの認識が重要であろう」と述べている。

ところで網野善彦は「遍歴と定住の諸相」と題する論文(34)において、高取正男がめざした方向に沿いながら、日本人の「異人」に対する観念が、古代においてはそれは「まろうど」であり、歓待の対象であったのが、次第に忌避の対象とされるようになった、という。しかし、民俗の中には「異人」を歓待し、異人が善きものをもたらすという信仰は古代から現在まで根強く残っている、という。

そして、このような「異人」に対する人々の態度の変化は鎌倉後期から以降、「定着社会の成熟による種族文化の統合」(高取正男の言)に伴い、佐渡・隠岐をはじめ、本州と九州の周囲の島々を「夷島《えびす》」「鬼界島《きかいが》」と呼び流刑地としたり、境界外にあるものを「異類異形」のものと考え忌避するようになる。これは、国家権力によって「国境」意識の形成、一方では「異国」に対する忌避の方向へ組織されていく過程と軌を一にする。一方、内部においては村落共同体内の結束の強化と自治組織の整備、それに伴うよそ者の排除が強められてゆく。このことは一方で「異類異形」のものが、かつては「聖なる人」「まれ人」、神の姿とされていたのに、次第に忌避され差別されるべき対象となるのであると網野は言う。

日本社会の歴史的流れの中では、確かに高取正男が『マレビト論再考』で論じたように、あるいは網野が述べるように、異人・異界の忌避の面が前面に押し出されてきたという大きな変遷があったであろう。しかしそれは異界や異人に対する「新たに生じた観念」なのであろうか。少なくとも記紀に見るかぎり、先の「坂」の神にしろ、熊野、葛城、出雲などについての記述には、大和を中心、此界とすると「異界」としての熊野や出雲は荒ぶる神に支配される国であり、外から入って来る者を殺してしまうような恐ろしい力を持つ神々によって支配されている国なのである。

新羅についての「金《こがね》・銀《しろかね》・彩色《うるわしきいろ》、多《さわ》に其《そ》の国に在り」という『日本書紀』の仲哀紀の記述にあるように海の彼方の異界に対する憧憬(35)がある一方では、仏教を異国の神の教えとし、その導入によって疫病が起ったと考えたのである(36)。これを単に政治的な内部抗争あるいは宗教上の対立の表現とは受け取ることはできず、当時からすでに異界に対しては矛盾する対立した観念があったと見ることができる。

イザナギの黄泉国訪問の話で描写される黄泉国は、それが死の国であるからだけではなく、まさに生けるものと死すものを分ける境が明確な、生けるものにとっては他と比べようもないほど「異質」の世界の極端にあると言える。あるいは「異界」が持つ両義的な属性の、一方の極限の姿とも言えよう。それ自身両義的な存在であるスサノヲが黄泉国を治めるようにと父イザナギに命じられるのは納得のゆくことである。

網野が先の論文で、赤坂憲雄の「琵琶法師——異人論の視座から——(37)」の中の「実体概念ではなくすぐれて関係概念である」という論旨を支持し、「定住民の共同体からみれば、漂泊の来訪者や移住者たちが『異人』として表象されるが、漂泊民にとっては、定住民のほうこそが『異人』なのである」と述べているのは正鵠を射ていると考える。[38]

千葉徳爾の一連の研究は、山を自らの世界として生きる人々が、山中とはいえまた移動性が高いとはいえ、自分達の居住区を中心とする一つの閉じられたまとまりを持つ世界観を持ち、共同体を形成して生活してきたことを明らかにしてきた。自分達の居住区が此界なら平地は外の世界であり、山もまた、自分達の活動領域の外はやはり外の世界で異界なのである。まさに異界や異人は相対的なものであり観念である。

漁民と農民との関係も同様である。壱岐島の勝本浦は、その後背地の農村との間に、産物の交換を通して相互依存の密接な関係を結び、その関係は儀礼的にも示されていて、家の繁栄を象徴する「幸木《スエーワギ》」を、農家の人が代々固定した関係を保って一定の漁家に供する。一方、かつては漁家の方が正月前に塩ブリを農家に贈った。ところが藩政時代の名残りもあって昭和三十年代前半までまったくと言ってよいほど通婚関係はなく、相互に、相手の「畑が悪いから」嫁をもらわなかったのだと言った。互いの生業や居住地を「汚い」と言い、劣位のものと認める表現をさまざまに持ってい

る。言うなれば相互偏見と相互差別の関係が見られ、その関係はまったく互角である。その背景となるものは、

(1)　離島であり、島が一つの閉じられた世界を作り、他のより大きな社会との関係が生じにくかったこと。

(2)　藩政時代、平戸松浦藩の支配下にあったが、駐留する武士の数はきわめて少なく、地下《じげ》の武士階級がほとんど存在しなかったこと（この点が対馬と大いに異なる点である）。

(3)　農業は、離島には珍しく米の自給を行なうことができるばかりでなく、島外へ移出するほど多くの収穫があり、江戸時代にも開拓が行なわれ農耕地は多く、ほとんど専業農家であって漁業との兼業は行なわれていなかったらしい。一方、漁村は、平戸松浦藩の保護と奨励のもとで捕鯨業が栄え、技術の向上と保持のため農業との兼業は禁じられたという。漁村は農村に食糧を頼っていたとはいえ、一方が他方に従属するような関係が長い間にわたって結ばれておらず、施政者もそのような施策をとらなかったこと。

つまり、壱岐島内においては農民と漁民にとって、それぞれに相手の領域は「異界」であり、一方では自分達が生産できない食糧を供給してくれる有難い存在、善い

存在であると同時に、自分達より劣位の、ある意味では「ケガレ」の存在としての認識を保っていたのである。このような関係は局地的には日本の各地で存在したと推測される[39]。

注

(1) 直江廣治、一七頁。
(2) 大藤時彦、一九四三年、一七頁。
(3) 長岡博男、三一七頁。
(4) 客観的には貧血などの症状であろうが、それをヒダル神が憑いたなどと言う。
(5) 大藤時彦、前掲書、一九頁。山崎善圀、一九頁。
(6) 柳田国男、一九二五年、一五七頁。松本楢重、一九二六年、一九二頁。小島千夫也、一九三一年、五六頁。
(7) 奄美大島の中部から北西部にかけては、かつては墓地はほとんどムラ（シマ）の入口、海岸沿いにあった。そこはそのシマと他のシマとを結ぶ境でもあったが、特に昭和三十年代以降、「ムラの入口に墓があるのはみっともない」という理由で、次第にムラの奥や山ぎわの崖下などに移転させた。しかし、そのあとを人家にするのは良くないと言い、ムラの公共の建物（公民館、保育園など）を建てて利用している。
(8) 吉田禎吾、一九八二年、九頁。
(9) 田中重雄、二三―二四頁。

(10) 松田修、一九八〇年、六—七頁。
(11) 柳田国男、二二八頁。
(12) 松田修、前掲書、二—三頁。
(13) 桜田勝徳、「癖地」。
(14) 村武精一、一三七—一四〇頁。
(15) このムラの屋敷配置と同族団との関係については、私はかつて拙文「会津・芦ノ辺部落の同族団組織と家関係」において述べた。
(16) 竹内利美「むしおくり」、一四三〇頁。
(17) 竹内利美、一四三〇頁。
(18) 石井進、一一四頁。
(19) 草川隆、三頁。
(20) 近藤富蔵『八丈実記』、緑地社刊。
(21) 仲松弥秀。
(22) 最上孝敬、一九五五年、四—五頁。
(23) 先の村武の論文、および渡邊欣雄の論文（一九七一年）が示す通りである。
(24) 吉田禎吾、一九八二年、一一頁。
(25) 横井清、一九七五年（初出、一九六二年）。
(26) 前掲書、二三六—二三七頁。
(27) 前掲書、二三七頁。
(28) 前掲書、二三七—二三八頁。
(29) 「山の人生」「山人外伝資料」「遠野物語」など。

(30) 最上孝敬、三頁。
(31) 吉田禎吾、一九七七年。
(32) 前掲書、四〇一頁。
(33) 前掲書、四〇九頁。
(34) 網野善彦、一九八四年。
(35) 前掲書、一三頁。
(36) 『日本書紀（下）』、一〇二―一〇三頁。
(37) 一九八三年。
(38) 網野善彦、八頁。
(39) 本論文は、『九州芸術工科大学研究論集』第九巻（一九八四年）に発表した論文の再所収である。

第二節　時間の認識におけるハレ・ケ・ケガレと年中行事再考

特別に意味づけされた時間

時の流れを、均一のもの均質のものとみなす社会はなく、普遍的に人間は時間をそれぞれに異なったものと認識しそれに応じた行動をする。未開社会と呼ばれるような社会でも「暦」に近い考え方はあり、物理的な長さも計り方も我々の用いる暦とは異なっており、計算は不正確ではあるが、とにかく、何か（例えば過去の大洪水）を指標として時の流れを大きく区切る認識は見られる。

日本の年中行事は、一年を一単位あるいは、二単位として、その中にいくつかの重要な儀礼を行なうことによって時の流れを非均質なものとしてきた。民俗学では従来これを「ハレの日」と「ケの日」としてきた。ハレの日は儀礼が行なわれる「まつり日」であり、この時間は残りの日々とは異なる日とされ、人々の生活の多くの面で異なる行動がなされ、異なる物品が消費され使用され、また、そのことによってハレの日が残りのケの日とは異なることを強調しようとする。逆に、ハレの日の行為をケの日で行なったり、ケの日の行為をハレの日に行なったりすることを禁じて、その対照は外をきわ立たせようともする。

一日の時の流れも均質ではなく、昼と夜とは異質であり、夜明け時や夕暮れ時は外の時間帯とは異なる特別の時間帯とみなされる。

月の朔望は一ヵ月の時の流れを非均質なものと認識することと関係があるといえる。大分県日田郡の山村では、一九七〇年代の調査当時でも「一日と十五日は山の神が自分の山の立ち木を検分し数えあげる日で、うっかり山へ入ると立ち木として数えられる可能性がある。そうなると再び里へ戻れない」と言って、山働きする人はこの両日は山へ入らない。これは民俗学でいうところのモノイミの日であるが、モノイミをすること自体がこれらの日が月の外の日と異なっていると認識していることを示している。

月の朔望が潮の干満と関係あることから、潮の動きによって漁を行なう漁業では、今でも旧暦を用いることが多い。旧暦の十五日に休漁する所は多く、それを「月が明るすぎて魚が寄ってこないからだ」と説明する。しかし、曇日で月が出ない時も時期的に昼漁をしていて、月の明るさとは関係のない時も十五日を休漁することから（天草・下島の場合）、一ヵ月という時の流れ全体を同質のものとしてとらえてはいないことがわかる。

時の流れが不均質だという認識は、特定の時間帯や時刻、あるいはその月には特別なことが起りやすいという言い方で表現される。

夕暮れ時には魔に会いやすい、したがってその時刻を「逢魔ガ時」[1]などと呼ぶ。子供が神隠しに遭ったり、死霊が歩き回るのをうっかり見かけてそのため死んだりする。午後二時か三時頃は中途半端な時間帯で、したがってそんな時刻に女性の客があると良くないことがあると嫌い、「エビスドキ」などと言う。夜半は「人間以外のものの時間」と言い、日田郡の山村では車の所有台数が一戸当り二台を越えた一九七〇年代でも夜遅く外出するのを嫌う。夜間外出すると山の方から、何とも言えない大きな音が聞えてくるからだと言う。高知県の山村でも、夜間に外を歩くと「ソラ太鼓」というものを聞くと言う。「遠野物語」にも、夜間外出した人がさまざまな奇妙な体験をすることが語られている。壱岐島の勝本浦では、海上で漁師が経験したさまざまな奇妙な出来事は、いずれも夜間である。先の、十五日（旧暦）には魚が集まらないという表現も、この日には特別の現象が起るという認識である。

七月七日の七夕には必ず雨が降る、あるいは必ず晴れると言うことも[2]特定の日の特定の現象を強調している。また、七夕についてはこの日に雨が降ると疫病が流行る、稲の病気が流行ると言ったり、逆に、雨が降らないと疫病が流行る、作柄が悪く貧乏年になる、または作柄が良いと言ったりする。つまり、七夕という特別な日と雨との結び付きに意味を与えている。

熊本県天草では河童の活躍が水死と結び付けて信じられる土地であるが、六月晦日（ナゴシ）は河童の活動が抑えられる日だから自由に泳ぐことができるという。広島県賀茂郡三津の場合はもう少し複雑である。六月一日は伊勢講の大祭で、お伊勢様が河童を一ヵ所に集めておくのだという。したがって海で自由に泳ぐことができ、この日の夜間泳ぐとアセモができないと言い、またこの夜汲んだ潮水で菜を洗って漬物にすると虫がわかないと言う。これは、普段夜間には泳がないという規則を破って、六月一日という特別の日に、しかも夜間泳ぐことによってケガレを祓い、したがって幸せを得ると言うのである。そして、夜間泳ぐことの理由を、お伊勢様が河童を一ヵ所に集めておくという特別な現象に結び付けている。

このように、ある特定の日にある一定の行為をすると、外の日に同じ行為を行なった場合とは異なる結果を得るという信仰も、同じく特定の時間に特別な意味を与えていることの現われである。

特定の日のある現象に何らかの意味を付けている場合もある。福井県小浜市付近で、正月末の酉の日から二月初午の日までの十日間は天候が荒れがちで、これを「アルキガミアレ」と言う。萩原龍夫は、この言葉の裏にはこの時期に神が去来するという信仰があるとしている[3]。

以上をまとめると、次のようになる。

(1)　特定の、あるいは異常な現象が、ある時刻や時間帯に起ると考える。特異な現象によって、その時間に特別の意味を与える。

(2)　特定の時間に、必ず、例外なしにある現象が起ると考える。現象そのものは特異なものではないが、一定の時間と一定の現象の必然的な結び付きを強調することによって、その時間に特別の意味を与える。

(3)　特定の時間と一定の現象が結び付くと、何らかの特別な結果が生じるということで、その時間に特別な意味を与える。

(4)　一定の時間に起るある現象に特別な意味を与える。その現象そのものは特異なものではないが、その説明の内容が特異であるがゆえにその時間に特別の意味を持たせることになる。

(5)　特定の日に、何かの行為を必ずする、あるいは決してしないということで、その時間を特別なものとする。それはまた逆に、人間の生活にとって特別な、重要な事を行なう時を、例えば播種や田植えや初山入りなど、特別な時間として意味づける。

あるいはまた、特別な出来事が起った時、その時間を特別なものとして認識する。人や家畜が死んだ時、また人が生まれた時、あるいは大火が起きた時など、その時間を特別なものとみなして特別な行為を行なう。それは、特別な出来事に対処するための行為であると同時に、またその時を特異なものとして認識していることの現われでもある。第二章で取りあげた奄美大島阿室の例では、大正期の大火が十二月二日に起きたことから、その日を火伏せの神である秋葉神社の大祭としていた。人が死んだ日を命日として死者儀礼を行なったり、人が生まれた日を誕生日として祝いごとを行なう。全国の神社の祭礼日も、過去の特異な出来事が起った日を記念するとして定められている例は多い。

特別な時間というものが存在するという認識が、慣例的な儀礼的行為を行なうという形で、表現されている時間ないし日を、民俗学では「ハレの日」と呼んできたのである。ハレの日は和歌森太郎が「カミゴトの日」とみなしたように、カミを招来する儀礼を行なう日であり、清浄を尊びケガレを忌む時間である。また特別な時間のうち、カミゴトとは係わらない、例えば死者儀礼が行なわれる日、仏事が行なわれる日も広義のハレの日として、日常普段のケの日に対置させてきた。

私はかつて、これを仮に「ケガレの日」とし、「ハレの日」と同次元、同範疇のものとしないことを主張した。主張の根拠は、

(1)　日本の民間信仰においては、その儀礼を見ると、ケガレを抽象的な観念的なものではなく具体的な現象、実在とみなしていることが明らかで、ケガレ（不浄性）をハレ（神聖・清浄性）の亜観念とすると、儀礼や信仰の諸相を正確にとらえることができない。また、カミゴト＝ハレの行為とみなすと、儀礼が持つ意味をすべて一定の枠の中でのみ分析することになる。後に述べるように、死とは直接に係わらない儀礼でも、特に清浄性を増進したり強調するとは断定できないものもあり、カミに係わる儀礼をすべてハレのこととみなすことはできない。

(2)　ハレとケガレ、そしてケをむしろ分析概念として使うことによって、それぞれの儀礼が持つ意味や儀礼と儀礼との関係が明らかになり、それによって、複雑で重層的とされてきた民間信仰の全体像を明らかにすることができる。

以上の二点が、その主なるものであった。もとより、複雑な様相を示す信仰を分析する一つの枠でしかないのであって、〈清浄⟷不浄〉という軸は、その一つでしかない。本節で取りあげようとしている特別の時間が存在することの認識も、さらに細かに見るなら、ハレ＝清浄、ケガレ＝不浄ということでのみ分類はできないことがわ

かる。

例えば北関東から東北にかけて広く見られる「コト八日《ようか》」という行事は、地方によって幾分ヴァリエーションがあるが、およそ次のようなものである。二月八日ないし三月八日と、十月八日、十一月八日あるいは十二月八日はおコトというカミあるいは魔物が、不潔の家はないかと各戸をのぞいて回る。もし不潔の家があれば疫病神となってその家族に祟《たた》り病気にすると信じられている。そこで、その前日までに各家では大掃除をして洗濯をし、家の内外をきれいにする一方、ザルを竿の先に掛けて軒に立てる。それは、おコトは一つ目なので、目の多いザルを見て驚き、逃げ去るからだという。(4)

「不潔にすると厄病神に祟られる」というのは、不浄が災いを招く、という信仰に基づいている。しかし、おコトの行事では、清らかな状態が必ずしも招福を意味しないので、おコトはもともと厄病神であるらしい。民俗学で言われるように、おコトは山の神と田の神の交替の時期に現われる神であることから、山の神にも田の神にも守護されない中間的な時間帯に、無防備な状態の人間の世界へやって来た厄神とも言えるし、また、山の神ないし田の神自体が中間的、境界的状況にある神であるとも言える。目一つの神は、金屋子神を想起させ、矛盾に満ちた二律背反的な存在であることを示している。

おコトの時間をハレの時間かケガレの時間のどちらかに分類するのは容易ではない。第二章第四節であげた沖縄本島宜野湾市付近のヒタマカエシや虫追いの行事も同様で、カミの名を借りることはあるが、それをハレのこととするか否かは判断が難しい。しかし、このように、ハレとケという分類からはみ出るような時間帯の存在と、それに付いて行なわれる儀礼の意味を明らかにすることによって、むしろ民間信仰の構造が明らかになるという面がある。

ケガレの時間とその推移

ケガレの時間として認識されるもののうち最もそれが明確なものは死が確認されてからその後の一定の時間である。第二章第一節で述べたように、死が起ったその時より、むしろ納棺や埋葬の時の方がケガレが強いと考えられており、そのことは、その際に行なわれる儀礼の内容やその頻度によって明らかである。ケガレの状態が続くとされる時間が「ケガレの時間」なのであるが、七日ごとに行なわれる儀礼のたびにケガレの度合いは弱まり、四十九日を境としてその度合いは一層弱くなる。その後、一周忌、三周忌などの儀礼を経て、三十三年あるいは四十九年、五十年などの年月のののちにすっかりケガレは消失し、ケガレの時間は停止する。

ケガレの状態の低化は、したがって段階的に起るのであり、時間の経過に単純に反比例するのではない。儀礼が行なわれる時間が重要であり、その時を境にして段階的にケガレは弱められる。このことは、時間の経過よりむしろ儀礼の頻度がケガレの時間の持続と関係があることを示している。供養を受けていない死霊や、まつり主のいない無縁仏が長い間人に祟るのは、ケガレの状態が儀礼によって弱められることがな

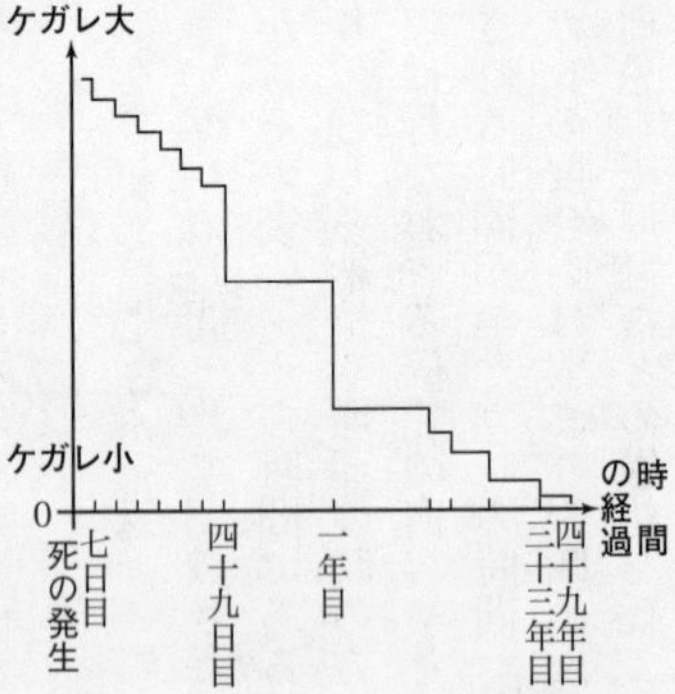

図1　死者儀礼が行なわれた場合の時間の経過とケガレの状態

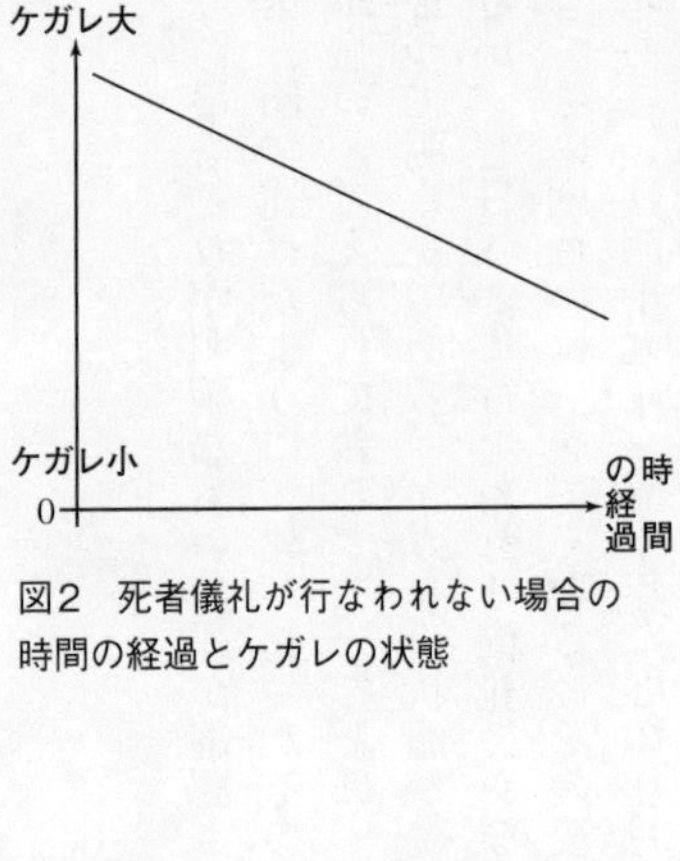

図2　死者儀礼が行なわれない場合の時間の経過とケガレの状態

いためなので、時間の経過はあまり大きな要因として働かないことがわかる。

長崎県の壱岐島から熊本県天草諸島の九州西部海岸沿いでは、水死体は水死後七日目ごとにあがると言われる。現在でも船の遭難が起り行方不明者が出ると、七日目ごとに海上を念入りに捜す。これは水温と死体の状態から実際に起る現象を経験的に述べているとも考えられるが、これらの地域で七日目ごとに四十九日まで念入りな死者儀礼を行なうことと考え合わせれば、死者が供養を受けたいがために海上に浮上するという信仰が背後にあっての表現とも考えられる。

以上の関係を図示すれば図1・図2のようになるであろう。

したがって、死後間もない頃に頻繁に儀礼が行なわれることの理由は、死のケガレは時間の経過より、むしろ儀礼の頻度によって弱められると考えられていることによる。

ところで、この時間の経過における人々の行為を見ると、ケガレの状態が強い三日間、七日間あるいは四十九日間は、できるだけ遺族は他家の者と接しない、同席同食しないという忌みごもりの状態を示す。大間知篤三によれば、昭和十年代に入っても、八丈島では服喪期間中は髪も梳《す》かず、身体も洗わず衣服も改めないという規制を守っていたらしい（大間知、一九七八年）。

大分県日田郡では、第二次大戦直後までは、「家の屋根が見えないほど遠くで働いてはいけない」と言って、四十九日間は家の周囲の畑の手入れしかできず、大切な稲の成育期にも田へは行かなかったというし、それ以前は、四十九日間はほとんど家の外へも出なかったらしい。一九七〇年代前半の調査当時でも玄関の戸は閉めて、四十九日間は通常の交際ができかねる旨の挨拶状を貼り付け、余程の用事がない限り、四十九日間は他家を訪れない。この期間はケガレの時間の連続状態が見られる。しかし、それ以降、特に一周忌以降は、三、七、十三年目などの儀礼が行なわれる時や毎月の命日あるいは毎年の祥月命日以外は、遺族の行動はケの日のそれに戻る。衣・食において特別の行為が行なわれるわけでもなく、特別な行動の規制が行なわれることもない。

つまり、ケガレの状態は連続してはいるものの、それは「ケガレの時間」の連続ではない。ケガレの時間はむしろ儀礼が行なわれる時に当って浮び上がってくるようなものであり、その外の時間はケの時間なのである。全体の時間の流れからすれば、ケの時間とケガレの時間は縞模様の状態に組み合わさっていると言える。そして、年中行事のうちの正月や氏神の祭礼日などのようなハレの時間は、ケガレの状態が強い期間中には、遺族における時間からすっかり排除されるが、ケガレの状態が弱まるに従ってハレの時間が入り込んで行き、遺族において流れる時間はケ、ケガレ、ハレの時間の混合となる。ケガレの状態が強い時には、外の人々にとってはハレの時間帯であっても、遺族にとってはケガレの時間となることもある。

薗田稔が「残響の彼方」の中で指摘するように、ハレ・ケ・ケガレの関係は相対的であり、時間の認識に関しては特にそうであると言える。

第二章第一節で述べた「仏の正月」はこの関係を示す良い例であり、正月中に死者儀礼を行なうのであり、それゆえ、外の人々はその遺族と出会ったり口をきくことも避けなければならない。

日田郡の山村では、盆は遺族のケガレの状態が強い五年あるいは十五年の間は仏事であり、食事や供物は肉や魚を用いない。しかしそれを過ぎるとハレの行事と考えられていて、「良いお盆でおめでとうございます」と挨拶し、相互に親類を訪問する盆礼が行なわれる。寺詣でも、寺院では八月十三、十四、十五日の三日間は盂蘭盆会が行なわれているが、死者が近年でていない家はこの期間寺へは参らず、十五日の夜、仏を送って後の十六日に寺へ行く。明らかに盆はハレの時間であり、寺へ行くことを忌避するのである。一方、近年家族から死者が出ている場合は供養のため僧侶に来てもらうし、自らも寺へ参る。

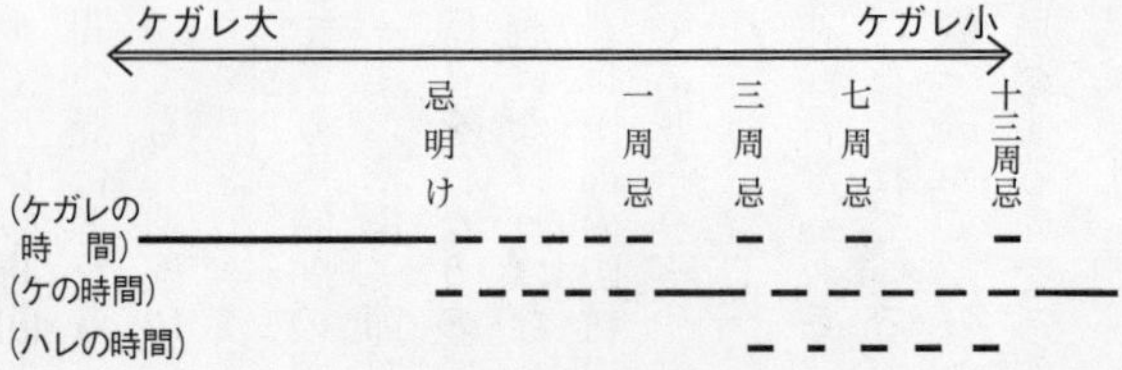

図3　死に伴うケガレの状態の変化とハレ・ケ・ケガレの時間

以上の関係を図示すると図3のようになるであろう。

出産に伴うケガレの時間は死に伴う時間とは異なり、ケガレの状態からすっかり抜け出るまで連続する。死の場合のように、その後一定期間をおいて何度も浮び上がって来ることはない。その意味では、出産に伴うケガレの時間の認識は明確かつ単純である。

月経に関しては、よくわからない点が多い。生理現象としての月経期間は個人差、年齢差が大きいが一週間を越えることはないし、三日を切ることもほとんどない。しかし、ケガレの時間と認識される長さは、一日から十五日間とその差異が大きい。岡田重精の『古代の斎忌』によると、最初に示される期間はわずかに一日であり、後になって、月経が始まった日から数えて三日間、あるいは五日間が忌みごもりの期間と規定されている[5]。しかし、民俗のレベルでみると、『八丈実記』にも記されているように、十日から十五日も月経小屋にこもって家に戻らなかったらしい。西山やよいの報告でも、若狭湾岸のムラではかつて十日間もこもっていたことがわかる。隠岐でも、どの家の女性もすべてというのではないが、十日から十五日間ベツヤにこもった。

これらの日数がどのようにして、何を指標にして出てきたのか明らかではない。月経に伴うケガレの時間については今後検討されなければならないし、月経とケガレの観念との関係を明らかにしてゆく糸口がそこには隠されているように思う。

ハレの時間とその設定

前項で述べたように、ケガレの時間は、死や出産あるいは月経という生理的現象の出現とともに始まるのだと認識されている一方では、その時間の長さや持続の状態は人間が行なう儀礼と微妙にからまり合っている。それに対しハレの時間は、日の出や立春や正月など、人間を取り巻く自然条件、環境と、その中で生活を営む人間の活動との係わり方によって生じるのだと認識される面がある。あるいは、人間の活動のなかで、特に生業と深く係わる重要な時をハレの時間とする認識がある。ところが、これらの時間に儀礼が行なわれたり、行動の規制が行なわれることがカミ観念と結び付くと、ハレ観念あるいはハレの時間の認識が、複雑なものとして取り扱われるようになる。

第二章の全体を通して述べてきたように、不浄というものが危険や災いを呼び寄せ、招くという認識は明確で、それは信仰の諸相に広汎に見出すことができる。危険や不首尾や災いを決して招いてはならない時、例えば出漁や山入り、播種や山焼きなどの際、それらの危険を防ぐために二つの手段がとられていると考えられる。一つは、危険を招き寄せかねない不浄性の排除であり、いま一つは、人間の命やその行為を守護してくれる神の招来である。

従来、民俗学で「ハレのこと」と呼ばれ「カミごと」と呼ばれて来た儀礼においては、日本のカミは不浄を嫌うがゆえ、清浄な状況を作り出すことによってカミを招来できるのであるとしてきた。したがって、ハレの時間とはカミが存在している時間であり、それはまた、不浄が排除され完全な清浄が維持された時間である。カミが招来されているにもかかわらず、不浄がすっかり排除されていないと、それによってひき起される危険はほかの場合よりはるかに大きいと考えられ、それは民俗レベルでは神の怒り、神の祟りとして説明されている。そして、カミを招来しての儀礼の中心がミソギやハライであるのは、清浄性をひたすら保つためのものであるからだという。

ハレの時間は、暦上の時間の推移に従って自動的に訪れるのではなく、ケガレを祓い去り、すべての状況を清浄にしあげた時に始まる。ハレ観念の曖昧さはここにも見出せる。ケガレの時間は、必ずしもそれが生じた時と一致するのではないが、死や出産や月経という客観的に観察できる具体的な現象が大きなきっかけとなって始まる。しかしハレの時間は、儀礼の始まりであるとも言えるが、その儀礼自体はケガレを祓い清めることから始まるのであるから、儀礼の始まりは即ハレの時間の始まりではなく、ハレの時間はいわば段階的に作り出されてゆくのである。

また、ハレの時間は、儀礼の失敗や新たなケガレの発生（死や出産の突発）によって容易に中断されてしまう。ケガレの時間というものが、死者を弔う年忌のように儀礼を行なうことによって一時的に作り出される面があることは先に述べたが、しかし死の直後にはそれはあり得ず、出産に伴うケガレの時間には中断はない。その意味において、ハレの時間は儀礼によってのみ作り出される時間であり状況であり、したがって抽象的、観念的であると言える。

宮中や伊勢神宮で行なわれた神事が、歴史的経過の中でどのように、そしてどの程度民間信仰のレベルに影響を与えてきたのか、あるいは逆に、民間信仰がどの程度宮中や有名神社の儀礼に影響を与えたのかについては、述べる能力を持たないのであるが、次に紹介する岡田重精の「大嘗祭に於ける斎戒」と題する論文は、ハレの時間、ハレの状況というものを分析してゆくうえで参考にすることができる。大嘗祭という、おそらく最も典型的な宮中儀礼であり、ハレの状況を演出する儀礼の構造を分析したものであり、その要旨は次のようなものである。

日本の大嘗祭をはじめとする儀礼における「斎戒」の制度は、中国の制度を模して作られたものであるが、日本側の『儀式』と手本となった中国側の『大唐開元礼』や『礼記』などと比べると次のような変更が見出される。

(1) 散斎の禁制事項のうち食宍（肉食の意）の項は日本側のみにある。

(2) 致斎の前後に散斎を置くのは日本側のみである。

(3) 大、中、小祀の斎戒の時間は、中国側では七、五、三日間となっているのに、日本側では大嘗祭のような大祀においては一ヵ月という長期であり、そのうちの三日間が致斎でその前後に散斎が置かれている。なお、致斎のあとの散斎を後斎という。つまり、最も清浄性の高くなる致斎をはさんで、それより清浄性の低い散斎が前後に置かれる。それに対し、中国側では最初の四日間が散斎で後の三日が致斎となっており、構造的に異なる。

以上のことから、日本側における儀礼は中国のそれより清浄な状況を作り出すことにおいてより積極的であることがわかる。斎戒の規定がより詳細であることからもそれは言える。斎戒の内容のうち、日本側で新たに加えられたものは、

①死や病気、血、汗などの生理現象に係わること、および肉や「泣く」といった事柄について、また仏教に関することに忌詞を用いること。
②人および家畜の、出産や死に接すること。
③中国側では単に「穢悪」としか記していないのに、日本側では穢悪を具体的に天津罪・国津罪と指摘し、穢悪とされていることに接しない。
④仏事に係わらない。
⑤死者を弔う儀礼（挙哀）や改葬に参加しない。

などである。また、中国側では祓浄儀礼が沐浴程度であるのに対し、日本では儀礼は清浄性が段階的に高められることを目的として、祓浄儀礼が累加的に行なわれる。そして、その極致（致斎）において祭祀が行なわれる。

『礼記』が、「戒」は外面を祓清し、慎みの状態で清浄な状態を作り出すという消極的儀礼であるのに対し、「斎」は内面をも祓清する、というより積極的儀礼としているが、『礼記』のそれより、日本の側はより重層的である。

大嘗祭の場合、祭が行なわれる時間と場所とを中核として、およそ次のように時間と空間とを同心円状に清浄化し、そして祭祀のあとは常態へ戻してゆく。

①時間的に見れば、十一月に大嘗祭が行なわれる場合（一月に行なわれたこともあ

る）には、八月から聖なる時間が始まり、九月、十月と、大嘗祭が近づくにつれてより頻繁に儀礼が行なわれ、禁忌の遵守が行なわれる。また、それに係わる人々や地域も拡大されてゆく。

②空間的に見れば、全国的な祓浄儀礼に始まり、次第に畿内、都の朱雀門や斎郡へ、そして斎場というように、周辺から中心へと儀礼の重心が移って来る。中心におけるほど厳重にかつ頻繁に儀礼が行なわれる。

③天皇が廻立殿に遷御して、最高に清浄な空間の清浄な状況の中で、祭祀が行なわれる。

④致斎によって作られた状況は次第に解除され、空間的には斎場から斎国そして全国へと、前半とは逆の順で、時間的経過を追いながら斎戒は取り除かれてゆく。具体的には大嘗宮の取り壊しや斎服を脱ぐことも含まれている。

以上の議論を、岡田は図４のように示している。図中右端の「分離」は日常性からの分離、次の「結合」は神聖性との結合、次の「分離」はその神聖性からの分離、左端の「結合」は再び日常性との結合を意味する。(6)

なお岡田は、祓いの儀礼がこれまで穢悪を祓い、清浄な状態を作り出すための儀礼としての機能を持つとされてきたが、以上の大嘗祭の構造を見るかぎり、祓いの儀礼はまた聖的な状態からの離脱、分離、解斎の機能を持つことは否定できないと主張している。[7]

民間信仰のレベルで、直会《なおらい》は祭りの最終段階で行なわれ、それについて柳田国男は神人共食の祭りの最も重要な儀礼である[8]としているが、直会はまたハレの時間を終止させるための儀礼と考えることもできる。ハレの時間は儀礼によって設定される時間であり、ケガレの発生によって容易に中断されてしまう時間ではあるが、一方儀礼によってそれが終了されなければならない面も持っている。ハレの時間が、清浄な状

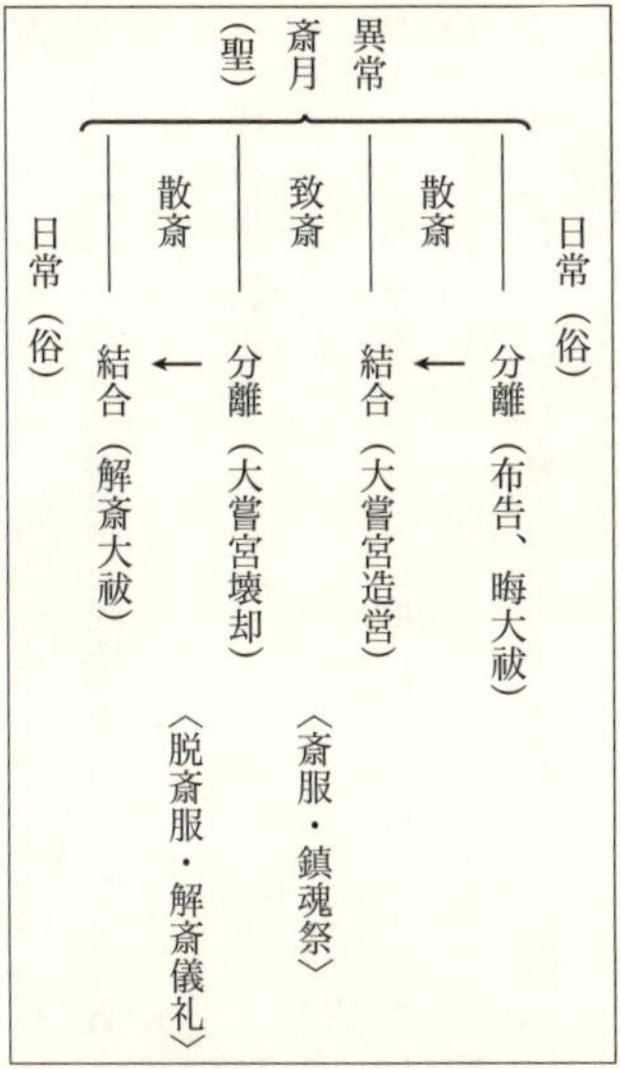

図4　岡田重精による斎戒の構造
（岡田重精、1978年、118頁より）

況、それによる招福の時間であるとすれば、ハレの時間を儀礼によって終了させることは、儀礼が状況の変換の機能を持つからであると言えよう。

年中行事とハレの時間

年中行事の定着は、ハレの時間が暦上の時間の流れに従って定期的に出現することになる。なかには「ハレの時間」と断定できないような行事も含まれているが、多くはハレの時間として分類できると考える。この年中行事の一年の流れの中での配置のされ方には一つの構造があり、それは、時間の経過の中でのハレの時間と全体時間との関係も示している。

田中宣一は「年中行事の構造」と題する論文で、和歌森太郎、平山敏治郎、坪井洋文らのこれまでの研究をふまえたうえで、年中行事はその内容や時間上の配置から次のような分類が可能であると言う。

(A)継承・循環的行事群
(B)独立的行事群
(1)対置的行事群（対置的に存在している行事群）

(2)孤立的行事（孤立的に存在している諸行事）
(3)間歇《かんけつ》的行事群（間歇的に営まれる行事群）

(A)は、一つの行事が他の月日の行事と共鳴し、密接なかかわりを保ちながら営まれているものである。個々の行事の完結性・独立性は稀薄で、関連する他の月日の行事と補い合いながら連続し、それらとセットにして初めて意味の理解可能となるものである。

(B)は、(A)に比べて、個々の行事の完結性・独立性が強く、単位行事相互間が非連続的な行事群である。

(B)の(1)対置的行事群は、一年間の行事の配置構成のうえで、他の何らかの行事と対置的に捉えることが可能で、その行事との類似性を認めることができる。例えば春秋の彼岸など。

(B)の(2)の孤立的行事とは、他のものに比べて内容的に完結性・独立性が高く、配置、構成上からも他とほとんど関連性を持たない。例えば初午、節分など。

(B)の(3)の間歇的行事群とは、年間に何回か、月を違えて定期的に繰り返される同種の行事で、一つ一つは独立し、完結したものである。例えば、一、五、九月に行なわ

れる二十三夜様の祭りなど。(9)

(A)の継承・循環的行事群は、大きく春耕秋収を目安として行なわれていた。農作業の諸段階に応じて営まれる農耕儀礼が中心である。それは暦の全国的な普及までは、各地域の自然条件や生業と結び付いて成立した根生《ねお》いの行事であった。本格的な暦の庶民への普及が見られたと推測される十七世紀半ば以降、宮廷行事であった対置的諸行事や五節供に代表されるような孤立的行事が徐々に民間の年中行事に組み込まれるようになった。

骨格的行事としてほぼ全国に共通して存在するのが対置的行事や孤立的行事であるのは、これらが在来の行事ではなく、中央においてすでに整えられていた行事が暦の普及に伴って各地で受容され、各地の実情を加味しながらもほぼ一様に定着していったからではないかと考える。そして、継承・循環的行事群も、いったん暦の規則を受けた生活が開始されると、次第にそれまで行なわれていた時期に近い暦日に固定するようになり、年中行事としての性格を強めるようになった。また、暦による年頭の観念が一般化すると、収穫後から播種までとりたてて行事のなかった期間に、盆と対応する正月行事とは別種の、継承・循環的性格を持った正月行事が新たに成立したと思われる。(10)

田中は継承・循環的行事群について、「いずれも、他の月日の行事に引き継がれて初めて完結したり、あるいは何かが前もってすでに行なわれていて、それを継承することによって意味を持つものである」(11)と述べている。このタイプの年中行事におけるハレの時間というものを考えた時、ハレの時間とケの時間とが画然と分けられているとは考えにくい。

例えば大分県日田郡の山村の場合、正月行事は今日新暦で行なわれるが、十二月十五日頃、山へ入って常緑樹で赤い実の成る、できるだけ太い木を切って来る。これを十二月三十一日の夜から元旦の朝にかけて炉で燃す。木が太いほど良く、火が勢いよく燃えるほどその年のその家の運が良いと言う。一月二日には山へ入り、やはり常緑樹の細い背丈ほどの枝で先に青葉の付いたものを取って来て、田の真ん中に立てる。この木はとっておいて、田植えの日の食事を作る時の薪の一部として用いる。

また、盆の行事に関して言えば、八月十三日の仏迎えの日には、必ず仏壇には山で咲く花を供えなければならない。また、山にいる祖霊は自分の子孫が作ってくれた「盆道」をたどり、子孫が取って来た山の花を目当てに下りて来るのだからと言って、十三日に先立つ十日前後には各家から人が出て山に入り、自分の家の屋根の見える場所から家のすぐ裏まで夏草を刈って道を作る。山の花はその折集めて来る。また、八月十五日の仏送りの時の供え花は庭の花でなければならないと言って、庭に盆頃咲くような花の種を春には播いておく。

正月行事はすでに十二月中から始まるという説通り、この日田郡の山村では十二月十五日前後に始まっているのであるが、この後は餅搗き、煤払い以外には行事らしいものはなく、いわばケの生活をしている。盆の道作りは、早い人は八月八日頃から農作業の暇を見付けて山へ行き、その後は十二日一杯は働く。そして、十三日朝から十六日一杯までは盆礼と称して仕事を休み、朝から人に酒を供してもよいことになる。

このように、日田郡の山村の一例をとってみても、田中宣一も疑問視しているように[12]、これまで代表的な対置的行事群として扱われてきた盆と正月も継承・循環的な要素を含んでいる。

そして、ハレとケの時間との関係で論じるなら、ケガレの時間と同様に、儀礼が行なわれる中心的なハレの時間帯の周辺では（ケガレの時間の場合は、中心的なケガレの時間の後続という形であるが）、ハレとケとが混り合い、中心的なハレの時間に近づくとハレの時間が連続しており、ケの時間は入り込まないという形になる。それはまた、儀礼の頻度や規模、参加する人の範囲、費される金や物の量が大きくなればなるほどハレの時間がより長く持続すること、儀礼の意味づけが豊かになり、それに伴って規制や禁忌の項目が多くなり厳格になる。

ハレの時間からケの時間に戻ることなく、直接ケガレの時間が続くと考えられる例がある。地域によって、それが正月六日、七日、十六日などで、それは正月の主行事である正月五日ないし、小正月の十五日のすぐあとに行なわれる。

香川県小豆島では「仏正月」と言って十六日に初めて墓参する。沖縄のほぼ全域では盛大な墓祭りを行ない、新仏（ミーサー）のある家では朝から墓の前で祭りを行ない、これを「ミーサー」とも「新《ミー》十六日」とも言う。奄美大島と喜界島では十六日は山の神の日で、一年中で最も恐ろしい日だと言い、人々は山へ入らず畑へも出ずに家にこもって過す。この傾向は九州本土でも続いている。宮古島の狩俣では、十六日の墓参りは墓へは直接行かず墓の見える丘の上で祭りをする。小野重朗はこれらの事例を紹介した論文の中で、この日の祖霊は恐ろしいものであると考えられていたことによると述べている(13)。屋久島では六日には鬼が来ると言い、それを追い払うために鬼火を焚き、ハマガシの柴を囲炉裏で燃す。対馬では六日をタラ正月と言い、刺《とげ》のあるタラの茎を門口に立てて鬼を防ぐという(14)。

正月行事のさなかにあると考えられる二日を、壱岐では「カン日《にち》（坎日）」と言い、「良くない日」と言う。正月三日間のうちの一日を「良くない日」とするのは、仮に陰陽道の影響によると考えたとしても奇妙なものである。三日は乗り初めで、船を「明きの方」へ乗り出し、そのあとは船長が乗組員を招いて宴会をする。正月行事は五日まで続くので、この二日のカン日は年中行事とハレ、ケ、ケガレの時間の問題を捉えるうえで、仏の正月と並んで注意をひく。

先に私は、ハレの時間はケガレの時間とは異なり、自動的に訪れるのではなく儀礼を行なうことによって出現すること、また、岡田重精の論考を受けて、ハレの時間は儀礼によって終わらされる面があることについても述べた。正月行事の最終段階にケガレの強い厄神や鬼や祖霊（死霊）を祀る行事を行なうことは、あるいは、わざわざ墓や寺詣りをすることは、長いハレの時間を終止させるためにケガレの時間を挿入するのだと考えられなくもない。

正月行事のように、期間が長く、その間にハレの状況を作り出すための儀礼が繰り返して行なわれる場合とは異なり、それほど長期でもなく、儀礼の累加もない行事の場合は、儀礼の中止によってそのままハレの時間へ戻ることが可能である。しかし、正月行事のような場合は、ケの時間へ戻るための儀礼が必要だとする認識があり、それが仏の正月のような行事が最後に行なわれる理由ではなかろうか。

これまでも何度か事例としてあげた日田郡の山村では、盆はハレの時間としての傾向が強く、新仏がない限りは期間中は寺院へ参らず、祖霊を送ってから後に初めて寺院へ行く。このムラでは、神社（神道）をハレとし、仏寺（仏教）をケガレとする観念が強く、仏僧が神社の境内に入ることも嫌う。

正月と盆の最終段階での寺参りは、特に正月については、正月の間は仏事を忌み、したがって小正月が終わったあとで仏の供養をするという従来の説明も可能ではあるが、ハレとケガレの次元では以上のような解釈も成立するのではなかろうか。ただし、以上の理論では正月二日のカン日については説明不可能ではある。[15]

年中行事のうちあるものは子供組や若者組、あるいは宮座というような集団による儀礼が行なわれたり、二十三夜講のように、集団での儀礼があるが、多くは各家を単位に行なわれるものである。しかし、準備する食物や家・屋敷の飾りつけ、神社や寺あるいは聖地への参詣、家の中の神おがみなど、その内容がムラ内では統一されており差異はあまりない。

そのことは、年中行事が現在では暦上の推移によって自動的に行なわれるようになってはいるが、しかし儀礼が行なわれなければハレの日は来ないのである。儀礼の内容が各家それぞれのやり方にまかせられるのでなく、細かな点ではそれぞれに差異があっても、重要な部分は定められたやり方、ムラ社会で承認された定式化されたやり方で行なわなければならないことの理由はそこにある。一方喪中の家は正月儀礼を行なわず、氏神の祭りに参加せず、何のハレの儀礼も行なわないのであるから、その家にはハレの日は来ないのである。

継承・循環的年中行事とハレの時間

田中宣一によると、継承・循環型の年中行事は、その土地の自然条件に応じて自然発生的に成立したもので、農耕のプロセスと結び付いた農耕儀礼としての性格が強いと述べている。たしかに、農耕は、前段階の作業が次の段階を結果としてもたらすのであり、前段階の作業が欠けていればその結果は生じない。農耕の各段階の成功を祈ったり、それぞれの段階への予祝行事の連なりは確実な収穫へと収斂されるが、しかしそれで終了するのではなく、最終段階は次の新たなシリーズの前段階となる。その意味で、まさに「継承・循環型行事」である。小森揺子が報告する「秋田県南部の年中行事(16)」中の資料によると次のようである（秋田県雄勝郡羽後町、由利郡東由利村の場合）。

〔継承〕

○十二月二十七日　ススキハキ → 一月一日　ハキダテ

元旦のための草の箒を作る。 → この箒で茶の間の明きの方を向いて、三、五ないし七回掃く。

①一月一日 → 六月一日

餅に若水をかける。この餅は天井に吊す。 → この餅を家族の数に分けて朴の葉に包み、神様に供えてから分配する。少し口に入れてから、身体に塗りつける。災い除けである。餅を入れたワラの袋は、門口にかけ、災い除けとする。

②一月二日　働きはじめ → 田植え
収穫

男は苗場で使うワラ、女は収穫の時に稲を結ぶワラを作る。 → 正月二日に作ったワラをそれぞれ使う。

③一月二日　ノーサ祝い（山の神祝い）
明きの方へ餅を持って行き一、二切れ作って、それを捨てる。

→一月八日　八日オリ
山へ初めて行く日。二日の、切って捨てた残りの餅をかじりながら行く。怪我をしないためである。山で七種類の木を切る。

→一月十五日　小正月
八日に山で切った木を屋敷内に立てる。これを門松という。

→一月二十日
門松を片付ける。松は二月一日まで残すが、残りの木は明きの方へ倒す。

→春
この木の枝を払う。

→秋の収穫後
この木を稲のはさに使う。

④一月十一日　蔵開き
餅と酒を蔵へ持って行き、供える。

→一月十五日
蔵に供えた餅をおろし、あぶって食べる。

⑤一月十五日　小正月 → 一月十六日 → さなぶり
　さつき
　さつきの稲ワラを台所の天井に吊り下げる。
　晩にこの稲ワラをおろして、餅を搗く時に焚く。

ⓐ稲ワラ、草、豆がらを束ねて、田植の真似をする。

ⓑ神さまにお膳を供え、それを夫婦でおろし、さらにオカノカミに供える。 → 一月二十日
　オカノカミに供えたお膳をおろし、雑炊に煮て食べる。

⑥一月二十八日　まゆ玉を作る → 田植の日
　大きい餅をさげる。
　それを外に出しておく。
　この餅を食べる。

⑦五月五日 → 一月二十日　初灸
　ヨモギを採って、もぐさを作る。
　五月の節供の時につんだヨモギのもぐさを使う。

⑧七月三十日 → 八月一日　八朔
　餅を搗く。
　はつつという病気にならないため、前日に搗いた餅を食べながら野良へ行く。畑仕事は休む。

⑨九月二十九日　刈り上げの節供 ──→ 十月一日
田の神に一臼餅を箕に入れて供える。これを「みさと」という。
この餅を四角に切り、あぶって食べる。

⑩十二月三十日　年越し ──→ 初午
まゆの形の餅を作る。
この餅を食べ、稲荷に参る。

小森の報告には、この地方の年中行事がすべて含まれているかどうか明確ではないが、右の表から、この地方の年中行事が暦の上の配置では対置型をとりながら、その内容は継承・循環型であることがわかる。そして、儀礼的食物として餅が重要な役割をしていることも明らかで、その餅は、①災い除けの呪的食物であり、②農耕儀礼における予祝的意味を持っていることも明らかである。
何が要因として働いてこのような継承型の年中行事が行なわれるのか、またハレの時間の認識が何に基づいているかを見ると、（一月一日──→六月一日）の対応は暦上の対置に基づいていると考えられる。なお明確な継承的意味を持っていないと判断したので、この表にはあげてないが、この地方では、一月一日と六月一日の対置の外に、二月十六日と十月十六日の対置がある。

二月十六日		十月十六日
山の神と田の神が交替する日で、五合餅を搗いて食べる。		山の神と田の神が交替する日で、必ず荒れると言い、一升餅を搗いて食べる。

なお、その内容はこの例ほどの類似はないが、私が先に述べた、長くハレの時間が続いたあと、ハレの時間の終了を示すと思われる行事が、一月二十日と七月二十日にある。一月二十日は初灸をすえる日であることを表で示したが、五月五日に採ったヨモギを加工したモグサですえること、ヨモギに厄除けの効力があるという信仰があること、門松は二十日に片付けるが、厄年の人のいる家ではこの日には片付けず、二月一日まで残すことなどから、この日が、ハレの日とケの日との境界的時間であると言える。

①、②、③、⑤のⓐ、⑥は明らかに農耕儀礼の諸段階で行なう行事であり、餅など

を媒介としての継承型である。特に、③の長いシリーズには注目される。八月一日と十月一日には、その日ではなく、その前日、つまり先の月の晦日に搗いた餅を食べる。八月一日は明らかに厄祓いの日であることが報告から明らかだが、十月一日は何の行事であるのかわからない。晦日に餅を搗いて翌朔日に食べることには重要な意味があるとも考えられる。

　以上のことから、いくつかの例外はあるが、その多くは農耕儀礼であり、田中宣一の言う「根《ね》生《お》い」の行事は継承・循環型で、それは農耕儀礼の執行に基づくという説はこの地方では立証されている。ただし、ノーサ祝いをはじめ、継承・循環型の行事のシリーズの中心は正月にあり、このことは必ずしも正月行事というものが、暦の民間への導入によって普及したとは言い切れないのではないかと考える[17]。

　本節の初めに、時間の流れの中で特別な時間が存在するという認識は、さまざまな方法で示されることを述べたが、年中行事は、(1)から(5)までの(5)に当り、日本の年中行事の発達と複雑さ、多様さは、暦の普及もさることながら、ある地域内であればほとんど時間的ズレなく、農作業の各段階がいっせいに行なわれるという現象があったことがその要因である。

　それは、水田稲作という農耕の形態が、

(1)　成育期が長く、播種から収穫までの期間が一年の半分以上を占める。

(2)　本来は稲の栽培に向かない土地である日本での稲の栽培は、多くの、しかも複雑な農作業上の段階があった。

(3)　成育上重要な高温多湿の時期が短いため、農作業は各家でバラバラに行なわれることはなく、全戸いっせいに行なわれることが多かった。

大まかに言っても、以上のことが、年中行事は家の祭りであるとともにムラの祭り、国の祭りとして受け入れられ、執行されることの背後にあった。「怠け者の節供働き」と言って、ハレの時間を明確に認識し、それがケの時間と交じり合うことを忌んだのは、それが「可能」であったし、国の祭りが、日本各地の祭りとして普及が可能となったのは、一九七〇年代以降、坪井洋文や宮田登が諸論文で明らかにしているように、稲という単一作物の全国的普及があったからであろう。

稲作であっても水田と畑作という違い、畑作であっても稲や雑穀とイモとでは栽培する対象が異なっていれば、以上の理由によって、ハレの時間というものに対する認識は異なるし、ハレ、ケ、ケガレの時間を分類するというその認識も違うのではないかと推論する。[18]

長崎県壱岐島勝本浦はハレ、ケ、ケガレの区別を明確に認識するムラの例であり、年中行事の内容は近隣の漁村と類似しているが、同島内の他の漁村と比較しても、また島内の農村と比較しても、その区別のしかたはどこよりも明確であると言える。その理由は、

(1) 重要な年中行事の主要な時間帯は漁協の規約によって出漁が禁止されており、それに違反した場合の罰則さえ定められている。

(2) 漁師は、漁協の規定の日数より長く休漁するのが普通で、特に氏神の祭礼の当番町などは、規定の数倍の期間休漁する。

(3) 喪中の休漁についても明確な休漁期間の規定があり、一般にそれより長く休む。

(4) 出漁そのものがハレの時間帯へ入ることを意味し、海をハレの空間と認識していることと結び付いて、出漁中と陸上にいる時間とをハレの時間とケの時間として明確に分けている。出漁の前、帰港して直後の儀礼も定式化している。

ハレとケの時間をこのように明確な区別をする認識は、一つには、明治末期から一九七〇年代初めまで続いた「沖止め」の制度によってつちかわれたものと考えられる。これは、明治末期に八十名近い遭難者を一度に出した事件を機会に、勝本浦の漁船はすべて、「沖世話人」が決定する、出漁あるいは出漁停止の毎日の指示に従うこ

とを決めた制度である。

この沖止めの制度は壱岐島内にも外に例はなく、この漁村独特のものであった。小型漁船による一本釣りという漁業形態は、本来ならかなりバラつきの多い生活暦を形成するのであろうが、沖止め制のあるため、一九六四年当時の年出漁日数は百八十日余りしかなく、したがって、沖止めされていない日は、当時でも四百隻に近い船がいっせいに、出漁決定の合図を見て港を出て行くのであった。

年中行事は後背の農村部に比べて単純で、先に述べた継承・循環型の行事はない。七月の祇園社の祭りが疫病除けの祭りの性格を持つこと、七夕がまた同様であること以外は、すべて豊漁祈願と結び付いている。ハレとケの時間の交替はむしろ、出漁中か否かという日々のリズムの中で、短期間で出現していた。

一九七〇年代に入ってからは特に、船は大型化し、漁源の枯渇から北海道や北陸まで出漁して数ヵ月も帰港しない船も出てきている。小型漁船は今でも沖止め制度に従っているが、かつてのような全漁船、全社会集団に対する生活暦の拍子取りとでも言えるような影響力はない。このことは、ハレ・ケ・ケガレによって時間や空間、物《しょうも》や行為を分類する思考や行動の変化をもたらしているであろうことが、氏神である聖母神社の祭典の変化一つをとってみても推測できる。

境の時間とケガレの観念

時の流れを一定の長さで切り、単位ごとにまとまった時間帯を認識することは、また、その単位と単位との境を特別視することにもなる。春夏秋冬あるいは夏と冬の季節の変り目や月の変り目、一日の夜と昼、昼と夜との時の変り目とでも言うべき境界的な時間に儀礼が行なわれることは、それらの時間が特殊なものと認識されていることを示している。再度触れたコト八日の行事は、農作業や生活暦の変化する境界、それはまた、冬と春、秋と冬との季節の変り目に行なわれるものである。

吉田禎吾の『魔性の文化誌』の中で論じられているように、境の時間はしばしば「魔の時」とされやすい。年中行事は農耕儀礼の段階に応じて設定されたもののほか、暦が導入されれば、その暦上の時の流れの境目を「魔の時＝ケガレの時」とし、その魔を祓うための行事が行なわれるようになったであろう。それ以前には、農作業の一つのプロセスと次のプロセスとの境目に、やはり「魔の時」があって、その魔を祓う儀礼が行なわれたであろう。それらの行事のうち、あるものはケガレの傾向の強い行事となって残り、あるものは、ケガレの傾向がまったくない、清浄性が強調されたハレの行事となったのではないかと考えられる。

正月と盆が、さまざまな行事の複合であって、その一つの要素は六月と十二月の大祓いであると考えられるが、六月の大祓いはそのケガレの傾向を強く残して盆にひき継がれ、正月行事は大祓いの性格をほとんど消失してしまった。

この相違はどこから来たのか。いくつかの理由が考えられるなかで、その一つは、行なわれる儀礼の頻度とその規模による。ハレの時間は、浄化儀礼、招福儀礼の累加によって作り出されるという前提に立てば、正月行事は盆行事よりも、長期にわたって大きな規模で行事を行なえるということである。それは冬期で農作業が暇であることと、収穫後間もない時期であり消費され得る食糧が大量にあることによる。

一方、盆行事が行なわれる夏期は農作業の最も重要な段階にあり、長期の休業は不可能であること、儀礼のために消費できる食糧が秋の収穫後と比べるとはるかに少ないことによって、儀礼は正月に比べて小規模で短期にならざるを得ない。大正月が小正月までも包括して長期になっているのは、長期にわたって、繰り返して儀礼を行なうほど良しとする観念がある。正月には餅を始め儀礼的食物が大量に作られて、しかもそれが数ヵ月あとまで呪的な効果を持つものとして、何度も儀礼的食物として用いられる。これとは対照的に、盆には麦や豆、芋といったものが儀礼的食物として用いられるが、それは小豆のほかは餅のような使われ方をしない。盆が死のケガレの色合いが強い行事となったのは、仏教の影響もさることながら、稲の栽培が中心となって、収穫の時期が全国的に秋季に統一されるようになったことが大きな要因として働いているであろう。

十二月に、一般の正月より一ヵ月早く行なわれるので民俗学上有名な「七島正月」は、季節がその地理上の関係から一ヵ月早く、米の収穫が早いことと関係がある。[19]

正月行事の中にケガレの傾向が強い行事が入っているのは、一つには先に述べたように、長いハレの時間を終わらせるという機能を持たせるためであろうが、二つには、境界的な時間はやはり魔の時であって、さまざまな魔的なもの、邪悪なものが訪れて来るという観念が存在することの表われである。

また、一月一日を年の初めとする暦上の時のサイクルが一般的になると、年末から年頭の境目を魔の時とする観念は一面では強くなり、それを祓うために行事は長期にわたり、儀礼は一層累加され複雑化したとも考えられる。大正月と小正月の結合による正月行事の長期化は、畑作正月と稲作正月の結合[20]ということもあろうが、正月行事を大がかりにして儀礼を累加するためであるとも解釈できる。

七島正月では、正月行事のあとの六、七のつく十六、十七日あるいは二十六、二十七日を「ヒチゲー（日違え）」と言って、悪いことの起る日であり、野山や海へ行かず家に閉じこもって静かに過す。ネーシという女神役に作ってもらった麻や芭蕉糸に結び目をいくつもつけたものをもらって、手足にそれを結んで魔除けとする。(21)

正月行事の終わりに、仏の正月も含めて、このように魔を祓う行事、ケガレの傾向が強い行事が入るのは、祓い清めの儀礼によって封じ込められた魔的なものが、それらの儀礼のシリーズが終わったとたんに現われるであろうから、それを追いやる儀礼が必要だという観念もあると考えられる。

注

(1)　吉田禎吾、一九七六年。
(2)　萩原龍夫、一九五五年。
(3)　前掲書、三二頁。
(4)　福島県郡山市内では二月八日には天から神が下りて来て、十二月八日にはその神が天に昇るという(田中宣一、八五―八六頁)。
(5)　岡田重精、一九八二年。
(6)　岡田重精、一九七八年、一一八―一一九頁。
(7)　前掲書、一一六―一一七頁。
(8)　柳田国男、一九六二年(d)、二二九頁。
(9)　田中宣一、八四―八八頁。

(10) 前掲書、一一九―一二三頁。
(11) 前掲書、八七頁。
(12) 前掲書、一〇九頁。
(13) 小野重朗、一五八頁。
(14) 以上の例はいずれも小野重朗の「正月と盆」より。
(15) 前掲書、一五六頁。
(16) 一九五七年。
(17) 奄美諸島の年中行事のうち、最も重要なものは八月に行なわれるアラセツ・シバサシ・ドンガと呼ばれる行事であろう。この三大行事を「ミーハチガツ」という。いずれも豊作を先祖とともに感謝し、喜びを分かつ意図を持っている。本島では八月初の丙《ひのえ》の日がアラセツで、それから数えて七日目がシバサシ、シバサシ以降の甲子の日がドンガである。この三つの一連の行事の最後のドンガを「ユキハテノドンガ」とか「ステドンガ」と言い、何もかも行き果てて帰らぬ日だという。この三つの行事の連なりは、「継承型」の年中行事の典型と言えるけれども「循環型」とは言えないのかも知れない（北見俊夫、三一頁）。
(18) 湯川洋司は「会津山村の農耕儀礼」の中で、稲作は早くから行なわれていたものの、炭焼きや狩猟、伐木などの山仕事、ソバ、豆、麻、粟などの畑作栽培の多様な組み合わせによって自給自足の度合いの高い会津山村のいくつかのムラにおける年中行事を比較し、かつ『新編会津風土記』、『会津農書』などの江戸時代の記録をもとに、農業形態の変化を視野に入れながら、田の神、山の神、畑の神の祭祀を中心とする年中行事の分析を行なっている。そして、「農耕の儀礼を稲が体系づける以前には畑作物に伴う儀礼体系が存在し、それらが稲作の浸透に伴い稲作儀礼化されていった。そしてこのように完璧なまでに稲作儀礼化されたのは、稲作儀礼体系に先行した畑作物に伴う儀礼体系の中核が稲作儀礼化されやすいものであったからではなかろうか。つまり、稲の栽培暦とほぼ等しい栽培暦をもつ作物、すなわち粟、稗、黍などの雑穀が深層の農耕儀礼を体系づける主力であったと考える」（三九一頁）と述べている。さらに、山の神については、山の神が春には里へ下って田の神になるという信仰における田の神は、実は「畑の神」であって、人間が冬期山での仕事を行ない、春になると里で畑仕事をしたという生業の推移に比定できるのではないか、そして畑の神は稲作の普及に伴って田の神となったのであろうと推論している（一九七九年）。

(19)　小野重朗、一九八四年、一六一―一六二頁。
(20)　前掲書、一六〇頁。
(21)　前掲書、一六二頁。

第四章　「災因論」としてのケガレ観念と儀礼

災いの原因の説明としてのケガレ

第一章で述べたように、岡田重精は『古代の斎忌（イミ）』において不浄を、「穢れ」「罪」「災い」の三つの要素から成るものとして、古代の日本人は忌みの観念を発達させてきたとしている。

一方、金子武雄はその著『上代の呪的信仰』（一九七七年刊）において「けがれ」を岡田の不浄とほぼ同じ意味で用い、記紀や『万葉集』において古代の日本人が「けがれ」が「わざはひ」をひき起す恐れのあるものと考え、また見方によっては「けがれ」は「わざはひ」と同じものとしてとらえていたことを示唆している。

金子によると、古代の日本人にとって「わざはひ」を生じさせると信じられていた「けがれ」とは、死体・病体・排泄物・分泌物・血などに存在し、これに触れたり、近づいたりするとけがされて病気その他の災禍にとりつかれると信じていた。神代紀上巻において、日の神はスサノヲが行なった「屎戸《くそと》」という、糞を用いての呪詛（ソーサリィ）によって病気になったことや、神代記にある、スサノヲがオホゲツヒメが鼻、口、尻よりの分泌物（味物《ためつもの》）で食糧を作っているのを見て「穢汚《けが》して奉進ると為《おも》ひて」、オホゲツヒメを殺すのを指して、「けがれ」によって病気になると人々が信じていたのだと金子は指摘する。

そして、古代における儀礼（金子の用語では「呪術」）はその行なわれる意図に従って次のように分けられるという。

⑴「わざはひ」や「けがれ」を近づけまいとして「いはふ」。
⑵「わざはひ」や「けがれ」に近づくまいとして「いむ」。
⑶「わざはひ」や「けがれ」を遠ざけようとして「はらふ」。
⑷「さきはひ」を得ようとして「ほく」あるいは「ほかふ」。
⑸神の祟《たたり》による「わざはひ」を免れようとして、神を「まつる」。
⑹他人に「わざはひ」を蒙らせようとして「とこふ」あるいは「のろふ」。

などがあるという。

いずれにしろ、「わざはひ」を焦点として儀礼が行なわれるということである。

岡田重精と金子武雄は明確に指摘しているわけではないが、ケガレは災い（この場合は死をはじめとして人間の不幸のさまざまをいう）をひき起し、しかも死や病気や洪水や不作などの災いそのものもまたケガレであり、ケガレは新たなケガレを、災いは新たな災いをもたらすという、ケガレと災いの循環論を古代の日本人は持っており、そのケガレと災いの循環の輪を断ち切るものとしての儀礼が発達したのだと両者ともに考えているように思われる。

岡田重精は『古代の斎忌（イミ）』第三章の中で「儀礼の累加」とでも言いうることについて述べるが、大嘗祭に典型的に示されているように、清浄性、神聖性は儀礼を積み重ねることによって作り出される。積み重ねた儀礼の「量」は単なる頻度だけではなく、儀礼に参加する人々の範囲や供物の量や禁忌事項の多少などによって変ってくるとも言えよう。

この考えをさらに進めると、儀礼を行なう主体が、それが個人や家族にしろ国家にしろ、儀礼を行なうための論理、儀礼のイデオロギーとでもいうべきものを持っていたという結論に行き着くのではないかと考える。つまり、儀礼が行なわれる頻度が多く、規模が大きければ大きいほど、ケガレの状態から遠ざかり、それは災いから遠ざかることを意味する。

桜井徳太郎は先にあげた「結衆の原点」において、「プラスのハレ」「マイナスのハレ」という表現を用いて、儀礼にケガレを祓い去るための消極的儀礼とハレをもたらすために行なわれる積極的儀礼が存在すると述べている。

一方、岡田重精の理論に従えば、儀礼はまず何よりもケガレを祓うところから出発し、儀礼の積み重ねのプロセスの中で次第にハレの神聖・清浄の状態が作り出されることになる。

薗田稔が「残響の彼方」の中で、祭りの直前には中間状態としてのケがケガレの状態へと低落し、そのため厳重な忌みごもりの儀礼、祓いの儀礼が行なわれるという意味のことを述べているが、祭りを行なうことによって得ようとするハレの状態が高ければ高いほど、またハレの状態が及ぶ領域や範囲が広いほど、儀礼の積み重ねにより多くのものが要求され、したがってケガレを祓う儀礼も念入りに行なわれることになる。

ケガレの観念が、政治権力の機構と結びつくものとして論じられる理論的根拠はこの点にあるといえよう。つまり、儀礼によってのみ、ケガレ──→災い──→ケガレ、という循環をたち切ることができると考え、しかも、儀礼の頻度が高いほど、また儀礼の規模が大がかりであるほど、災いから遠ざかることが可能で、災いの反対である繁栄や権力や財貨を手にする可能性が高くなるとするならば、儀礼を行なう動機は強くなる。しかし、儀礼を行なうための人の動員や供物の調整のためには権力や経済力が必要であり、また、権力者は儀礼を通してより一層の繁栄を手にすることができる。あるいは儀礼を通して自らを権威づけることができる。

ケガレを生命エネルギーや生産活動のエネルギーとしてのケが枯れた状態であり、儀礼や祭りは衰えたそのエネルギーを補給するためのものであるとする桜井・薗田・宮田各氏の理論は「儀礼の累加」によってハレの状態をもたらすことができるとする岡田・金子の理論と軌を一にするものである。

このことはまた、儀礼と社会的差別の構造とを結びつけようとする理論の根拠にもなる。つまり、儀礼を行なうだけの経済力のない人々や、行なったとしても経済的制限から小規模にしかも頻度も低くしか行なえない人は、ケガレを充分に祓うことができず、ケガレの残った状態に身を置かざるを得ない。それはまた、災いを招く可能性が高く、逆に、幸運や豊穣や繁栄を招く可能性が低い状態に自らを閉じこめている人々、表現を変えて言えば、ケガレ──→災い──→ケガレという循環の輪から抜け出すことのできない人々が存在するという考え方を生むことになる。

しかし、民間信仰のレベルで見る限り、「災因論」としてのケガレ観念と儀礼との関係はそれほど単純ではない。注目されることは、儀礼によってケガレが完全に取り除かれ、その結果、災いが完全に「抑え込まれる」とは考えられていないことがあり、ケガレ観念の重要性は、実はそこにこそ存在すると言えよう。

「災因論」としてのケガレ観念の多様性

波平は一九七四年に発表した「日本民間信仰とその構造」において、三つの村落を取り上げて、それぞれにおいて儀礼のありさまを見る限り、ハレ・ケ・ケガレの関係が異なることを述べた。いずれの村落においてもケガレが災いや人間の不幸をもたらすという信仰が見出せるが、儀礼を行なう動機づけは一様ではない。

(一)　漁村の勝本浦では、儀礼は災いが起らないようにケガレをあらかじめ祓うことを目的として行なわれ、また、ケガレを祓うというよりむしろハレの状態を作り出すことを目的として行なわれる。儀礼は定期的なものは大がかりに行なわれ、また念入りである。葬式や妊娠・出産によって生じたケガレを祓う儀礼に参加する人々の範囲は広く、儀礼は短期間に高い頻度で行なわれる。少しでもケガレを残さないことを目的とするかのようである。

(二)　農山村の谷の木ムラでは、儀礼は鎮守の例祭以外は、そのほとんどがケガレを祓う段階でとどまり、儀礼が繰り返して行なわれるのは病気という形でケガレの状態がまだ残っている場合である。儀礼を累加してハレの状態を作り出すという志向はない。このムラで顕著な儀礼は、家族の誰かが病気になった場合、家族が主となって、時には親類や隣組の人々が一緒になって行なう治療儀礼である。

擬似同族団が行なう先祖祭りも、実は同族団自らの先祖の霊を祀るのではなく、先祖とは明言しないが、先祖と考えられている人に惨殺された親子の霊を祀る祭りであり、これを怠ると、その死霊が祟ると信じている。そして、このムラの人々にとって死霊などに祟られたり憑《つ》かれたりすると、ケガレの状態になり病気になる。病気はまたケガレの状態なのである。

さらに、死霊や山の神などの霊的存在が祟ったり憑いて人を病気にするのは、自らが、人間の違反行為や儀礼の怠慢によってケガレの状態になっていることを知らせるためであると考えられている。

また、林業に依存する度合いのより強い山野ムラでは、ケガレを祓うための儀礼も、ハレの状態を作り出すための儀礼もともに発達しており、儀礼の累加がハレの状態を作り出すという考え方が最も明確なムラである。人が死んだあと、子孫が供養を尽せばその魂は清められてホトケからカミになり、寺や墓から山へと移動する。氏神の神は先祖の霊が清まったものであるという、柳田国男が指摘した祖霊観が明白な形で見出せるムラでもある。

㈢　さらに、山野ムラでは同じ存在が二つの異なる、しかも相反する性格を持つ信仰対象として儀礼の対象となるということが見られる。例えば祖先の霊は、子孫に祟る時には、「死霊」であり、祓い清めの対象となり、盆や正月あるいは彼岸などには、「御先祖さま」として、一家の幸福や繁栄を祈願する対象となる。

山の神もまた、人に祟りもするし山働きの人の加護もするが、祟る時にはその眷族の一つであるキツネ（野孤《ヤコ》）を使い、加護する時にはもう一方の眷族であるイノシシを使うと信じられている。

以上の、三つのムラにおける、災因論としてのケガレ観を比較すると次のような違いが明らかである。

㈠　勝本浦の場合、ケガレを発生させるものは死・出産・月経・人糞のみで、岡田重精の分類に従えば、人間の身体や生理現象に伴う「穢れ」である。一方、谷の木ムラの場合は死そのものよりも、不幸のままに死んだ人の霊や充分な供養を受けないまま放置されている祖霊、忘れ去られた古い墓、正体のはっきりしない塚などが充分祭祀の対象とされない場合、山の神やイワイ神などの神霊的なものが粗略な、あるいは

「間違った」取扱いを受けた場合にケガレの発生源となる。病気もまたケガレであり、治療儀礼はそのケガレを祓い清めるための儀礼でもある。

山野ムラでは死・出産・月経のほか、さまざまな禁忌（特に山の神に対しての禁忌）の侵犯がケガレの源とされる。

(二) 勝本浦の場合、ケガレをかなり物質的なものとみる傾向があり、一定の儀礼を行なえば自動的に祓い去られると考えている。ケガレの強さや及ぶ範囲についての認識が明確で、ケガレの度合いと、それを祓う儀礼との関係が明確にされている。山野ムラもほぼ同様である。

しかし、谷の木ムラでは、ケガレの発生源が多く、過去に一度も認識されたことがないものが、新たにケガレの発生源となることがある（例えば氏神のお札）。また、ケガレの発生源の種類や度合いの違いと祓いの儀礼との関係が漠然としていて、ケガレを祓ったあとにもなおケガレが残っていて、災いをもたらすこともあると考えられている。

(三) 先に述べたように、勝本浦における儀礼は「積極的儀礼」が多く、豊漁や海上安全を祈念しての氏神の祭りは盛大に行なわれ、船霊の清め祓いは出漁ごとに二回ずつ行なう。また、家や地域社会の祭りの際には必ず船霊の祭祀も行なう。特別にケガレが発生しているわけでもないのに、ケガレが船にあるいは海上へ持ち込まれないためという目的で祓いの儀礼が行なわれる。一方、谷の木ムラでは、儀礼の大部分が、病気という形で災いが生じてのちに行なわれる。つまり、儀礼は「消極的儀礼」としての性格を持つことが多い。

㈣　いずれのムラにおいても災いの原因をケガレと結び付ける認識が明確であるが、災いの内容に幾分差がある。勝本浦の場合は海上での遭難および不漁である。不漁があまり続くと「何かケガレ（不浄）がかかっているのかも知れない」と言い、神官にお祓いをしてもらう。不漁がその後も続いても、再び儀礼をすることはない。その場合ケガレの発生源が何であるかを明らかにする必要はなく、祓いの儀礼が行なわれれば充分と考える。谷の木ムラの場合は災いの内容はもっぱら病気であり、治療儀礼の必要上、ケガレの発生源が明らかにされなければならない。勝本浦では、ケガレと災厄の発生との関係は比較的簡単で、船霊さまにケガレがかかると遭難したり不漁になったりするというくらいで、船霊以外には災厄を発動するエージェントはない。

一方、谷の木ムラでは種類においても二十前後もあり、個々の数となると無数である。そしてまた、ケガレの発生源とエージェントの関係があいまいであるため、ケガレと災厄の発生の関係は勝本浦より複雑である。山野ムラの場合、災いとは病気と家の経済上の不運である。特に家運の浮沈は祖先崇拝と結び付いており、祖先の霊への儀礼が頻繁で派手なほど、祖霊が子孫へもたらすものが多いと信じている。

死がケガレであるという認識は明確で、勝本浦と比べると、月経・妊娠・出産をケガレと認める度合いが低く、死をケガレとする度合いが強いように思われる。そして、その死のケガレを祓う儀礼の積み重ねが家の繁栄をもたらし、逆に、家の不運、特に経済的な不運は祖先のための儀礼の縮小をもたらし、それはさらなる不運をその家にもたらすと信じている。したがって、消極的儀礼から積極的儀礼へは連続しており、両者が相対するものとして受け取られてはいない。

メアリー・ダグラスにおける不浄と危険の理論

ケガレが災厄をもたらすという信仰は、第二章と第三章であげた事例の多くが示すように、基本的にはケガレ（不浄）が危険をもたらすという認識であろう。不浄と危険との関係は表裏の関係であり、危険なものはまた不浄であると考えられ、このような認識は、メアリー・ダグラス（Mary Douglas）が *Purity and Danger*（一九六六年刊）の中で充分に論じている。ダグラスが展開している理論に基づいて、日本人の信仰や認識の中に見出せる不浄観（ケガレ）を検討すると、多くの示唆を得ることができる。ダグラスの理論の中でも、特に重要だと思われる点をあげると、次の通りである。

㈠　不浄に関する観念は、儀礼を通して人々の経験に統一を与え、経験を統合する。不浄なものを取り除くということは、否定的あるいは消極的な行為ではなく、むしろ、人間を取り巻く環境を組織化するような積極的な行為である。

また、ある種の不浄は社会的秩序についての総体的な見解を表現するためのアナロジーとして使われることがある。例えばそれは男女相互の、ないしは女が男にとって不浄であるという信仰は、男女の社会的関係を示すものである、というように。[1]

㈡　このことは、不浄（dirt ; pollution）という観念が、物事の体系的な秩序づけや分類の副産物であるという仮説も導く。そして、不浄観念がシンボリズムの領域と結び付いてゆく理由もここにある。中間領域にあるものや、変則的なもの（the ambiguous ; the anomalous）は分類や秩序を乱すものであり、それは不浄とみなされやすい。また、これら中間領域にあるあいまいなものを排除するという規則は、それらを中間的存在に位置づけることになった分類規則を強化することになる。そして、中間的なものは危険であるという標示を受けやすい。[2]

㈢ ところが、多くの宗教・信仰において、最も不浄とされるものがしばしば神聖化される。このような、不浄が清浄・神聖なものとして取り扱われる儀礼的な価値の転換は次のように説明することができる。

一つには不浄という観念そのものにあり、多くの「プリミティブ」な社会においては、神聖（the sacred）という観念そのものは禁止（prohibition）とほぼ同様の意味であり、神聖性についてのルールは単に神的なもの（divinity）をほかのものから囲うだけのことを含み、そして不浄性とは神的なものと接触することから生じる相互の危険である。つまり、神聖・清浄と不浄とはきわめて近い関係あるいは同じものの二面性を示す関係にある。また、不浄は先に述べたように、分類や差異づけの心的活動によって作り出されたものであり、秩序を作り出すことによって生じた副産物である。

したがって、不浄は差異づけされていない状態から出発したものである。そして、差異づけの過程の中で、不浄性が持たされた役割というのは区別立てされたものを脅かすことにあり、不浄性は差別や区別や弁別され得ないものという性格を持っている。そのことが、不浄性を持つとされるものが、新生や発展や生長のシンボルとして用いられる理由である。不浄性が力を持つというのは以上のことに基づいている。不浄性を善い方へ利用する儀礼は、実際力を利用することを意味する儀礼である。

一方、清浄性（purity）は人間の経験を矛盾のない理論的なカテゴリーの中へ入れようとするものであるが、しかし人間が経験する事柄の多くは矛盾に満ちたものである。清浄性は絶えずその侵犯（つまり不浄化されること）に脅かされていると言える。(3) したがって、清浄性はそれ自体がパラドックスと言ってよい。

以上のようなダグラスの理論に示唆を得ながら日本の信仰におけるケガレの観念を再考してみると、現在でもまた最近まで観察できた儀礼において、ダグラスの言うところの「プリミティブ」な不浄観念を広く見出すことができること、したがって、「ケガレ」は日本文化に独特の不浄観ではなく、むしろ普遍的な不浄観と重なる部分が多いことが明らかである。日本におけるケガレ観念が日本独自のものとみなされやすい傾向は、ダグラスが指摘しているように、社会的秩序や関係やヒエラルキーのアナロジーとして浄・不浄の関係が用いられた時、その社会的関係が日本社会に独特のものであるからだと言えなくはない。

清浄・神聖性を高めるハレの儀礼を特に豊穣祈願と結び付け、社会の繁栄、秩序維持をハレの状態として認識し、それがまた儀礼を強化するという日本の「祭りのイデオロギー」ともいうべきものときわめて似たものは、モーリス・ブロック（Maurice Bloch）の分析によれば、多くの社会で見出せる。[4]

ケガレを生命エネルギーが失われた状態であると定義づけ、儀礼は、その失われたエネルギーを補うものであるという理論は、驚くほど多様な展開を見せる儀礼の意味を充分に説明することはできず、したがって、儀礼の形を作りあげ、それを行なう人々の「心意」についての理解に自ら制限を加えることになる。

しかし、不浄性が生命エネルギーが失われた状態を意味するという解釈をあまりに一般化しなければ、重要な指摘である。不浄が危険と結び付くことの別の解釈として、生命エネルギーの減少として説明することは充分に可能である。アンナ・メイグス（Anna Meigs）の報告によると、不浄観念が発達しているパプア・ニューギニア高地のフア族（The Hua）においては、不浄性はシロ・ナ（Siro na）という言葉で表わされる。これは、ヌ（Nu）という人間の体液や排泄物・呼吸などに含まれる生命エネルギーが失われた状態である。これらが体内にとどまっている限りは人間のエネルギーとして働くが、体外へ出ると腐敗し不浄のものとなる。ところが、これらのものは豊穣や多産をもたらし、人間の生命力を増す源となるのであると彼らは考えているらしい[5]。

日本の場合、不浄性は儀礼を通して人間の繁栄や豊穣をもたらすハレの状態へ変化するが、フア族の場合は、腐敗という現象を経て、人間の側ではそれら腐敗するものに触れないためのさまざまな禁忌を守るという形を通して、不浄性を、豊穣をもたらすもの、生命エネルギーに溢れたものに変化させうるという観念を持っていると言えよう。

日本人の信仰におけるケガレの観念を細かく儀礼から拾いあげ、詳細に分析することの重要性は次の点にある。日本人は宗教を持たないとか、信仰が現世利益的であり、真の意味では宗教的ではないと言っても、日本中には無数の新興宗教の教団があり、また常に新しい教団が発生している現状がある限り、日本人の儀礼に係わる行動はさまざまな視点から説明されなければならない。教団に属さなくても、水子供養をしたり、治療儀礼を行なったり受けたりする行為の背景を明らかにしなければならない。その場合、災因の説明としてのケガレの観念の研究は、日本人の信仰行為の背後にあるものを明らかにしてくれる一つの手段となる。

注

（1）メアリー・ダグラス、一二―一四頁。
（2）前掲書、四七―五三頁。
（3）前掲書、第一章および第十章の全般にわたって述べられている。
（4）モーリス・ブロック、一九八二年。
（5）アンナ・メイグス、一九七八年。

引用文献

阿部謹也、一九七八年、『中世を旅する人びと』平凡社。

網野善彦、一九八四年、「遍歴と定住の諸相」『日本民俗文化大系　第六巻』小学館。

荒井貢次郎、一九五九年、「制裁」『日本民俗学大系　第四巻』平凡社。

池上廣正、一九五九年、「人と神」『日本民俗学大系　第八巻』平凡社。

池田秀夫・日向野徳久・平野伸生・小倉　博・内田賢作・直江廣治・和田正洲（共著）、一九七九年、『関東の葬送・墓制』明玄書房。

石井　進、一九八四年、「坂と境」『日本民俗文化大系　第六巻』小学館。

石塚尊俊、一九四七年、「鑪に於ける禁忌と呪術」『民間伝承』一一巻一〇・一一号。

――、一九五九年、『日本の憑きもの』未来社。

井之口章次、一九五九年、「葬式」『日本民俗学大系　第四巻』平凡社。

楳垣　実、一九五九年、「隠語と忌み言葉」『日本民俗学大系　第十巻』平凡社。

上井久義、一九八三年、「女性司祭の伝統」『日本民俗文化大系　第四巻』小学館。

大藤時彦、一九四三年、「ヒダル神」『民間伝承』九巻一号。

大間知篤三、一九五九年、「成年式」『日本民俗学大系　第四巻』平凡社。

――、一九七八年、「八丈島――その民俗と社会」『大間知篤三著作集　第四巻』未来社（一九五一年、初出）。

岡田重精、一九七八年、「大嘗祭に於ける斎戒」『大嘗祭の研究』皇学館大学出版部。

――、一九八二年、『古代の斎忌（イミ）』国書刊行会。

小田　晋、一九八〇年、「古層における二極構造」『日本の狂気誌』思索社。

小野重朗、一九八四年、「正月と盆」『日本民俗文化大系　第九巻』小学館。

金子武雄、一九七七年、『上代の呪的信仰』公論社。

北見俊夫、一九五九年、「奄美・年中儀礼」『日本民俗学大系　第十二巻』平凡社。

草川　隆、一九五七年、「疱瘡神送り」『日本民俗学』五巻二号。

倉野憲司・武田祐吉校注、一九五八年、『古事記・祝詞』岩波書店。

国史大系編修会、一九七九年、『令義解』吉川弘文館。

小島千夫也、一九三一年、「ひだる神のこと」『旅と伝説』四巻八号。

後藤義隆・伊東　宏・箱山貴太郎・葛谷利春・望月薫弘（共著）、一九七九年、『南中部の葬送・墓制』明玄書房。

小松和彦、一九八二年、『憑霊信仰論』伝統と現代社。

小森揺子、一九五七年、「秋田県南部の年中行事」『日本民俗学』五巻二号。

近藤富蔵、一九六四年、『八丈実記、第一巻』緑地社。

近藤直也、一九八二年、『祓いの構造』創元社。

酒井卯作、一九五三年、「南島の世乞い儀礼」『日本民俗学』一巻二号。

坂本　要、一九八四年、「農耕儀礼と仏教」『日本民俗文化大系　第九巻』小学館。

坂本太郎・家永三郎・井上光貞・大野　晋校注、一九六五年、『日本書紀（上）・（下）』岩波書店。

佐喜真興英、一九七四年、「シマの話」『日本民俗誌大系　第一巻』角川書店（一九二四年、初出）。

桜井徳太郎、一九八五年、『結衆の原点』弘文堂（一九七四年、初出）。

桜田勝徳、一九五二年、「癖地」『日本社会民俗辞典　第一巻』誠文堂新光社。

桜田勝徳・山口和雄、一九七三年、「隠岐島前漁村採訪記」『日本常民生活資料叢書　第二十巻』三一書房。

島袋源七、一九七四年、「山原の土俗」『日本民俗誌大系　第一巻』角川書店（一九二九年、初出）。

鈴木重光、一九七九年、「神奈川県津久井郡地方の葬制」『葬送墓制研究集成　第一巻』名著出版（一九三三年、初出）。

薗田　稔、一九七七年、「残響の彼方──神話の宗教学試論」『講座宗教学　第四巻』東京大学出版会。

高橋一郎、一九八三年、「阿室の火の神祭り──モーバレイとモーゴロ牛」『南島研究』二四号。

竹内利美、一九六〇年、「むしおくり」『日本社会民俗辞典　第四巻』誠文堂新光社。

──、一九八四年、「ムラの行動」『日本民俗文化大系　第八巻』小学館。

竹村卓二、一九六五年、「国頭村宇嘉を中心とする親族体系と祭祀組織」『沖縄の社会と宗教』平凡社。

田中重雄、一九五四年、「四ツ辻の呪術」『民間伝承』一八巻一号。

田中宣一、一九八四年、「年中行事の構造」『日本民俗文化大系　第九巻』小学館。

谷川健一、一九八一年、「槻の小屋」『産屋の民俗』国書刊行会。

田村克己、一九八三年、「鉄の民俗」『日本民俗文化大系　第三巻』小学館。

坪井（郷田）洋文、一九五八年、「いろりと火」『日本民俗学大系　第六巻』平凡社。

直江廣治、一九四八年、「熊野路の現状㈠」『民間伝承』一二巻八・九号。

長岡博男、一九五九年、「民間医療」『日本民俗学大系　第七巻』平凡社。

中市謙三、一九七九年、「青森県野辺地地方の葬制」『葬送墓制研究集成　第一巻』名著出版（一九三三年、初出）。

仲松弥秀、一九七九年、「死人観」『葬送墓制研究集成　第一巻』名著出版（一九六八年、初出）。

名越左源太、一九六八年、「南島雑話」『日本庶民生活史料集成　第一巻』三一書房。

波平恵美子、一九七四年、「日本民間信仰とその構造」『民族学研究』三八巻三・四号。

——、一九七六年、「通過儀礼における〈ハレ〉と〈ケガレ〉の観念の分析」『民族学研究』四〇巻四号。

——、一九七八年(a)、「山と魔物」『フォークロア』三号。

——、一九七八年(b)、「水死体をエビス神として祀る信仰——その意味と解釈」『民族学研究』四二巻四号。

——、一九八一年、「会津・芦ノ辺部落の同族団組織と家関係」『社会人類学年報』七巻。

——、一九八三年、「月経と豊饒」『儀礼と象徴』九州大学出版会。

——、一九八四年、『病気と治療の文化人類学』海鳴社。

——、一九八四年、「水と信仰」『理想』七月号、理想社。

——、一九八五年、「民俗としての性」『日本民俗文化大系　第十巻』小学館。

西山やよい、一九八一年、「『産小屋』習俗の中の女たち」『産屋の民俗』国書刊行会。

野口武徳、一九六五年、「宮古島北部の社会と儀礼」、東京都立大学南西諸島研究委員会編『沖縄の社会と宗教』平凡社。

——、一九七二年、『沖縄池間島民俗誌』未来社。

萩原龍夫、一九五五年、「清めの雨」『日本民俗学』三巻二号。

原胤昭・尾佐竹猛解題、一九八二年、『江戸時代犯罪・刑罰事例集』柏書房。

比嘉春潮、一九五九年、「沖縄の民俗・年中行事」『日本民俗学大系　第十二巻』平凡社。

藤井正雄、一九七七年、「民俗慣行にみられる赤と黒の象徴性」『仏教と儀礼』国書刊行会。

藤丸昭・森正史・市原輝士・坂本正夫（共著）、一九七九年、『四国の葬送・墓制』明玄書房。

牧田　茂、一九五八年、「小屋」『日本民俗学大系　第六巻』平凡社。

松田　修・吉田禎吾・谷川健一、一九七八年、「座談会・魔の諸相を語る」『フォークロア』三号。

松田　修、一九八〇年、「聖・性・恥――神話のマトリックス」『現代宗教3』春秋社。

松平斉光、一九七七年、『祭――本質と諸相』朝日新聞社（一九四六年、初出）。

松本楢重、一九二六年、「ひだる神のこと」『民族』一巻五号。

松山光秀、一九七九年、「徳之島の葬制」『葬送墓制研究集成、第一巻』名著出版。

三井喜禎、一九六五年、『喜界島古今物語』（私家版）。

宮田　登、一九七九年、『神の民俗誌』岩波書店。

――、一九八三年、「神と仏――民俗宗教の基本的理解」『日本民俗文化大系　第四巻』小学館。

宮本常一、一九五九年、「畑作」『日本民俗学大系　第五巻』平凡社。

――、一九七三年(a)、「河内国瀧畑左近熊太翁旧事談」『日本常民生活資料叢書　第十九巻』三一書房。

――、一九七三年(b)、「屋久島民俗誌」『日本常民生活資料叢書　第二十巻』三一書房。

村武精一、一九七一年、「沖縄本島・名城のdescent・家・ヤシキと村落空間」『民族学研究』三六巻二号。

最上孝敬、一九五五年、「祖霊の祭地」『日本民俗学』三巻一号。

本居内遠、一九三八年、「賤者考」『本居内遠全集　本居宣長全集第十二巻』吉川弘文館。

柳田国男、一九一七年、「片目の魚」『郷土研究』四巻一一号。

――、一九二五年、「ひだる神のこと」『民族』一巻一号。

――、一九四二年、「鯖大師」『民間伝承』八巻四号。

――、一九六二年(a)、「一目小僧」『集　第五巻』（一九一七年、初出）。

――、一九六二年(b)、「橋姫」『集　第五巻』（一九一八年、初出）。

柳田国男、一九六二年(c)、「先祖の話」『集　第十巻』(一九四六年、初出)。

――――、一九六二年(d)、「物忌と精進」『集　第十巻』(一九四二年、初出)。

――――、一九六三年(a)、「遠野物語」『集　第四巻』(一九一〇年、初出)。

――――、一九六三年(b)、「妖怪談義」『集　第四巻』(一九〇九年より一九三八年の間に初出されたもの)。

――――、一九六三年(c)、「山人外伝資料」『集　第四巻』(一九一三・一九一七年、初出)。

――――、一九六三年(d)、「山の人生」『集　第四巻』(一九一七・一九二五年、初出)。

――――、一九六三年(e)、「境に塚を築く風習」『集　第十二巻』(一九一三年、初出)。

――――、一九六三年(f)、「七塚考」『集　第十二巻』(一九一五年、初出)。

――――、一九六四年、「忌と物忌の話」『集　第二十七巻』(一九三三年、初出)。

――――、一九七五年、『禁忌習俗語彙』国書刊行会(一九三八年、初出)。

山崎善圀、一九三〇年、「山口県大島郡の伝説と方言」『旅と伝説』三巻五号。

湯川洋司、一九七九年、「会津山村の農耕儀礼」『民族学研究』四三巻四号。

横井　清、一九七五年(a)、「中世における卑賤観の展開とその条件」『中世民衆の生活文化』東京大学出版会(一九六二年、初出)。

――――、一九七五年(b)、「中世の触穢思想――民衆史からみた――」前掲書に所収(一九六八年、初出)。

吉田禎吾、一九七六年、『魔性の文化誌』研究社出版。

――――、一九七七年、「よそ者・来訪者の観念」『講座・比較文化　第六巻』研究社出版。

――――、一九八二年、「コスモロジーに関する象徴論的覚書」『東京大学教養部教養学科紀要』一五号。

吉満義志信、一九六四年、『徳之島事情』名瀬市史編纂委員会。
渡邊欣雄、一九七一年、「沖縄北部——農村の社会組織と世界観」『民族学研究』三六巻二号。
Bloch, Maurice, 1982, 'Introduction' *Death and the Regeneration of Life* (eds.) Bloch, M. and Jonathan Parry, Cambridge University Press.
Douglas, Mary, 1970 (1966), *Purity and Danger*, Pelican Books.
Eliade, Mircea, 1963 (1958), Patterns in Comparative Religion, The World Publishing Co..
Meigs, Anna, 1978, "A Papuan Perspective on Pollution", *Man*, Vol.13, №2.
Young, F.W. & A.A.Bacdayan, 1965, "Menstrual Taboos and Social Rigidity", *Ethnology*, Vol.4, №2.

＊柳田国男の文献中、『集』とあるのは『定本柳田国男集』（筑摩書房刊）の意味である。
＊波平の文献中、一九七四、一九七六、一九七八(b)、一九八三年の論文は、『ケガレの構造』（一九八四年、青土社刊）に所収されている。
＊『民族学研究』は、二〇〇四年度より『文化人類学』と名称変更されている。

KODANSHA

本書の原本は、一九八五年、東京堂出版より刊行されました。

波平恵美子（なみひら　えみこ）

1942年福岡県生まれ。九州大学大学院博士課程単位取得満期退学，テキサス大学大学院博士課程修了（Ph.D.取得）。佐賀大学助教授，九州芸術工科大学（現・九州大学芸術工学部）教授，お茶の水女子大学教授を歴任。現在，お茶の水女子大学名誉教授。専門は文化人類学。著書に『日本人の死のかたち』，『いのちの文化人類学』，編著に『文化人類学』など多数ある。

講談社学術文庫

定価はカバーに表示してあります。

ケガレ

波平《なみひら》恵《え》美《み》子《こ》

2009年7月13日　第1刷発行
2023年10月6日　第8刷発行

発行者　高橋明男
発行所　株式会社講談社
東京都文京区音羽 2-12-21 〒112-8001
電話　編集（03）5395-3512
販売（03）5395-5817
業務（03）5395-3615
装　幀　蟹江征治
印　刷　株式会社ＫＰＳプロダクツ
製　本　株式会社国宝社
本文データ制作　講談社デジタル製作

ISBN978-4-06-291957-9

「講談社学術文庫」の刊行に当たって

これは、学術をポケットに入れることをモットーとして生まれた文庫である。学術は少年の心を養い、成年の心を満たす。その学術がポケットにはいる形で、万人のものになることは、生涯教育をうたう現代の理想である。

こうした考え方は、学術を巨大な城のように見る世間の常識に反するかもしれない。また、一部の人たちからは、学術の権威をおとすものと非難されるかもしれない。しかし、それはいずれも学術の新しい在り方を解しないものといわざるをえない。

学術は、まず魔術への挑戦から始まった。やがて、いわゆる常識をつぎつぎに改めていった。学術の権威は、幾百年、幾千年にわたる、苦しい戦いの成果である。こうしてきずきあげられた城が、一見して近づきがたいものにうつるのは、そのためである。しかし、学術の権威を、その形の上だけで判断してはならない。その生成のあとをかえりみれば、その根は常に人々の生活の中にあった。学術が大きな力たりうるのはそのためであって、生活をはなれた学術は、どこにもない。

開かれた社会といわれる現代にとって、これはまったく自明である。生活と学術との間に、もし距離があるとすれば、何をおいてもこれを埋めねばならない。もしこの距離が形の上の迷信からきているとすれば、その迷信をうち破らねばならぬ。

学術文庫は、内外の迷信を打破し、学術のために新しい天地をひらく意図をもって生まれた。文庫という小さい形と、学術という壮大な城とが、完全に両立するためには、なおいくらかの時を必要とするであろう。しかし、学術をポケットにした社会が、人間の生活にとってより豊かな社会であることは、たしかである。そうした社会の実現のために、文庫の世界に新しいジャンルを加えることができれば幸いである。

一九七六年六月

野間省一